《笃行中文》2

主　　编：毛通文　黄建军

分册主编：黄建军　高　波　孟广洁（第一册）

刘　瑜　邓　军（第二册）

王肖玥　阮晶晶（第三册）

阮晶晶　余　雯（第四册）

编　　委：（按姓氏笔画排序）

于　群　马翠华　王　苇　王　盈　王肖玥　王维丽

尹小玲　邓　军　田　禹　刘　瑜　刘志义　阮晶晶

李　逊　杨可祯　余　雯　汪　婷　张　丹　张　娜

邵雪琪　周　瑶　孟广洁　郝　静　胡　婷　党瑞霞

徐丽丽　高　波　康国旗　程洋洋

编写说明

《笃行中文》（1～4）由厦门大学汉语国际推广南方基地与泰国皇太后大学孔子学院联合编写。本套教材的主要教学对象是国外大学非汉语专业本科生及中学生。教材以中国教育部中外语言交流合作中心《新汉语水平考试HSK大纲（一～六级）》为依据，贯彻“考教结合”“以考促教”“以考促学”的理念，注重培养学生学习汉语的兴趣和中文实际应用能力。教材每册包含约300个汉语词汇和相应的语法知识，带“*”的生词为超纲词；按课堂教学45课时、课后练习45课时设计。学生学完第一册可达到HSK二级水平，学完第二册可达HSK三级水平，学完第三、四册可达HSK四级水平。

为了方便学生课后练习中文，我们专门设计了适合学生使用的网上练习与测试系统，学生可以方便地在电脑和手机上完成课后练习及测试，并可模拟HSK。

本套教材汲取了厦门大学各共建孔子学院多年的教学经验，以培养学生的听力和阅读能力为重点，兼顾汉字知识和与课文相关的中国文化知识。限于编者学识，疏漏谬误在所难免，恳请识者不吝赐教！

本教材在编写过程中得到厦门大学国际中文教育学院夏国香、刘玉川、彭涛老师的大力支持，泰国皇太后大学孔子学院于群老师对本套教材做了系统的审校；在编写各课“走近中国”栏目时，参考了百度百科中的“十二生肖”“二十四节气”“科举制”“文房四宝”“指南针”等条目，并做了改写；“汉字”栏目参考了《体验汉字（入门篇）》和《新实用汉语课本（第一册）》等教材，也做了相应改写，特此致谢！

《笃行中文》编写组

2020年12月10日

词类简称表
ABBREVIATIONS

noun	*n.*	名词 míngcí
verb	*v.*	动词 dòngcí
adjective	*adj.*	形容词 xíngróngcí
numeral	*num.*	数词 shùcí
measure word	*m.*	量词 liàngcí
pronoun	*pron.*	代词 dàicí
adverb	*adv.*	副词 fùcí
preposition	*prep.*	介词 jiècí
conjunction	*conj.*	连词 liáncí
particle	*part.*	助词 zhùcí
interjection	*int.*	叹词 tàncí
auxiliary verb	*aux.*	能愿动词 néngyuàn dòngcí

目 录
CONTENTS

第一课　你中文学得怎么样

学习目标 Learning Objectives

1. 学会单音节形容词的重叠形式“AA 儿”的用法，表示较为轻松的语气

Understand the “AA儿” form of monosyllabic adjective used in oral Chinese to express a relaxed tone

2. 学会副词“接着”的用法，表示两个动作在时间上紧跟着发生

Understand the adverb “接着” used to indicate something else happening immediately after the previous event

课文 1 Text 1

(Zài sùshè li)
（在 宿舍里）

Zhāng Dōng: Dàwèi, nǐ wèishénme yào lái Zhōngguó liúxué?
张　东：大卫，你为什么要来中国留学？

Dàwèi: Yīnwei wǒ fēicháng xǐhuan Zhōngwén. Wǒ xiǎng tígāo Zhōngwén shuǐpíng.
大卫：因为我非常喜欢中文。我想提高中文水平。

Zhāng Dōng: Nǐ Zhōngwén xué de zěnmeyàng?
张　东：你中文学得怎么样？

Dàwèi: Wǒ shuō de hái kěyǐ, dàn xiě de bù hǎo. Chéngjì yě bú tài hǎo. Nǐ yǒu shénme hǎo bànfǎ ma?
大卫：我说得还可以，但写得不好。成绩也不太好。你有什么好办法吗？

Zhāng Dōng: Xué Zhōngwén zhǔyào shì duō tīng, duō shuō, duō zuò liànxí, hái yào rènzhēn fùxí.
张　东：学中文主要是多听、多说、多做练习，还要认真复习。

Dàwèi: Wǒ míngbai le! Xiàwǔ wǒmen yìqǐ qù túshūguǎn xuéxí ba.
大卫：我明白了！下午我们一起去图书馆学习吧。

Zhāng Dōng: Hǎo de!
张　东：好的！

词汇 1 Vocabulary 1

1	宿舍	sùshè	*n.*	dormitory(HSK5 Word)
2	留学	liúxué	*v.*	to study in a foreign country 留：to stay behind; to remain 学：to learn; to study
3	中文	Zhōngwén	*n.*	Chinese language 中：middle; center; China 文：language; writing
4	提高	tígāo	*v.*	to raise; to heighten; to enhance; to increase
5	水平	shuǐpíng	*n.*	standard; level (of skill, ability and knowledge, etc.)
6	但	dàn	*conj.*	but; yet; however
7	办法	bànfǎ	*n.*	way; means; measure; method; resource
8	主要	zhǔyào	*adj.*	major; main
9	练习	liànxí	*v.*	to exercise; to practice
			n.	exercise; practice
10	认真	rènzhēn	*adj.*	conscientious; earnest; serious
11	明白	míngbai	*v.*	to know; to understand
12	图书馆	túshūguǎn	*n.*	library 图书：book　馆：building; shop

课文 2　Text 2

(Zài Zhōngwén kè shang)
（在 中 文 课 上 ）

Dàwèi: Zhāng Dōng, qǐng wèn zhège jùzi shì shénme yìsi?
大卫： 张 东， 请 问 这个句子是 什 么 意思？

Zhāng Dōng: Nǎ yí jù? A, zhè yí jù lǎoshī yǐjīng jiǎngguo le. Nǐ kàn, hēibǎn shang hái yǒu zhège jùzi ne.
张 东：哪 一 句？ 啊，这 一 句 老师 已经 讲 过 了。你 看，黑板 上 还 有 这个 句子 呢。

Dàwèi: Shide, wǒ yě xiě zài bǐjìběn shang le, dànshì zhè duàn kèwén hěn cháng, wǒ juéde tài nán le, bú tài míngbai.
大卫：是的，我 也 写 在 笔记本 上 了，但是 这 段 课文 很 长，我 觉得 太 难 了，不 太 明 白。

Zhāng Dōng: Zhè yí jù wǒ yě bú shì hěn qīngchu. Bié zháojí! Xiàle kè wǒmen qù wèn lǎoshī, lǎoshī huì jiāo wǒmen de. Wǒmen jiēzhe shàngkè ba.
张 东：这 一 句 我 也 不 是 很 清 楚。别 着 急！下了 课 我们 去 问 老师，老师 会 教 我 们 的。我 们 接着 上 课 吧。

Dàwèi: Xièxie!
大卫：谢 谢！

词汇 2　Vocabulary 2

1	句子	jùzi	*n.*	sentence
2	啊	a	*int.*	used to express surprise, exclamation or promise
3	讲	jiǎng	*v.*	to speak; to explain
4	黑板	hēibǎn	*n.*	blackboard 黑：black　板：board; plank
5	笔记本	bǐjìběn	*n.*	notebook; laptop
6	段	duàn	*m.*	passage; paragraph (of an article); period(of time); section (of a distance)

7	难	nán	*adj.*	difficult; hard
8	清楚	qīngchu	*adj.*	clear; distinct
9	着急	zháojí	*adj.*	to worry; to feel anxious
10	接着	jiēzhe	*adv.*	then; subsequently

课文 3 Text 3

(Xiàkè hòu)
（下课 后）

Mǎlì: Dàwèi, nǐ juéde Zhōngwén nán bu nán?
玛丽：大卫，你觉得 中 文 难不 难？

Dàwèi: Biérén shuō Hànzì hěn nán, yǔfǎ jiǎndān, dànshì wǒ juéde yǔfǎ hěn nán.
大卫：别人 说 汉字 很 难，语法 简 单，但是我 觉得 语法 很 难。

Mǎlì: Míngtiān jiùyào kǎoshì le, wǒmen bìxū hǎohāor fùxí.
玛丽：明 天 就要 考试 了，我 们 必须 好好儿 复习。

Dàwèi: Xīwàng wǒ néng kǎo yìbǎi fēn.
大卫：希 望 我 能 考 一百 分。

Mǎlì: Nǐ shàngkè tīng de hěn rènzhēn, zuòyè yě wánchéng de hěnhǎo, yídìng néng kǎo hǎo.
玛丽：你 上 课 听 得 很 认 真，作业 也 完 成 得 很 好，一定 能 考 好。

Dàwèi: Xièxie!
大卫：谢谢！

词汇 3 Vocabulary 3

1	别人	biérén	*pron.*	other people; another person
2	语法	yǔfǎ	*n.*	grammar(HSK4 Word)
3	简单	jiǎndān	*adj.*	easy; simple
4	必须	bìxū	*adv.*	must; have to

5	分	fēn	*n.*	mark; score
6	作业	zuòyè	*n.*	homework; assignment
7	完成	wánchéng	*v.*	to complete; to finish
8	一定	yídìng	*adv.*	surely; certainly

注释 Notes

一、好好儿（Thoroughly; Properly）

单音节形容词的重叠形式AA，表示程度深，后加“儿”，更加口语化，语气更轻松。在“AA儿”中，第二个“A”的声调一般读作第一声。例如：

A monosyllabic adjective can be reduplicated in the pattern of “AA” to indicate a deep degree. The pattern of “AA + 儿” makes the tone more colloquial and relaxed. Usually the tone of the second “A” will be read in first tone in the “AA + 儿” pattern. For example,

hǎohāor　zǎozāor　mànmānr　yuǎnyuānr
好好儿　早早儿　慢慢儿　远远儿

1. 明天就要考试了，我们要好好儿复习。
2. 别着急，你慢慢儿说。

二、接着（Then; Subsequently）

“接着”用于连接两个句子，表示前面的情况发生以后，立即发生了后面的情况，强调前后两个情况在时间上紧跟着相继出现。例如：

“接着” is used to link two clauses to indicate the sequence of two actions, and to stress that the second action happens immediately after the previous one in time. For example,

1. 大卫吃完饭接着写作业。
2. 我先去上课了，回来接着聊。
3. 别说话了，接着看书吧。

汉 字 Chinese Characters

一、偏旁学习（Radicals）

1. 纟 绞丝旁 （jiǎosīpáng）

Characters with the radical "纟" are mostly related to silk and actions of knitting.

2. 讠 言字旁（yánzìpáng）

Characters with the radical "讠" are often related to speaking.

3. 日 日字旁（rìzìpáng）

Characters with the radical "日" are mostly related to the sun.

4. 又 又字旁（yòuzìpáng）

Characters with the radical "又" are mostly related to hand.

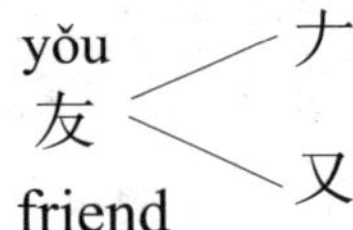

5. 彳 双人旁（shuāngrénpáng）

Characters with the radical "彳" are usually related to behaviors or actions.

二、认写汉字(Learn and Write Chinese Characters)

① gāo 高 tall	丶 亠 亠 亣 亨 亨 高 高 高 高 高 高 高 高 高 高	提(　　)
② bàn 办 to handle, to manage	丁 力 力 办 办 办 办 办 办 办	(　　)法
③ zhǔ 主 main	丶 亠 亠 主 主 主 主 主 主 主 主	(　　)要
④ liàn 练 (纟+东) to practise	纟 纟 纟 纩 练 练 练 练 练 练 练 练 练 练	(　　)习
⑤ xí 习 to exercise	丁 习 习 习 习 习 习 习 习	练(　　) 复(　　) 学(　　)

⑥ rèn

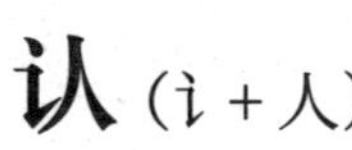
认（讠+人）

to know,
to recognize

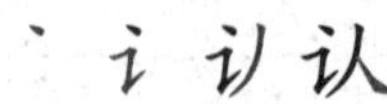

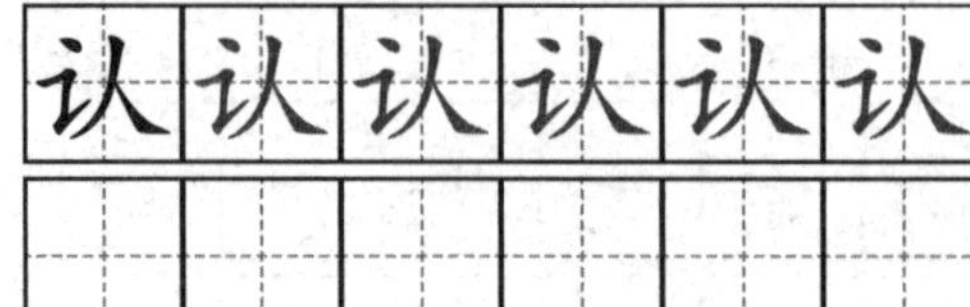

（　　）真
（　　）识

⑦ míng

明（日+月）

bright

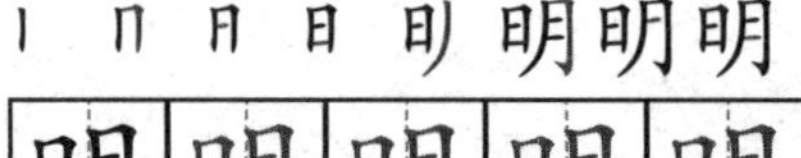

明明明明明明

（　　）白
（　　）天

⑧ zuò

作（亻+乍）

to work

（　　）业
工（　　）

⑨ wán

完（宀+元）

to finish

完完完完完完

（　　）成

⑩ chéng

成

to accomplish

成成成成成成

完（　　）
（　　）绩

走近中国 A Touch of China

中国的民族

中国是一个多民族国家，有五十六个民族。其中，汉族是人口最多的民族，占全国人口的 91.11%（2020 年）。这五十六个民族叫做“中华民族”。

其他五十五个民族，我们称之为“少数民族”。他们主要居住在中国的西南、西北和东北地区。也有很多少数民族和汉族一起居住。人口较多的少数民族有壮族（约 1700 万人）、回族（约 1050 万人）、满族（约 1030 万人）、维吾尔族（约 980 万人）、苗族（约 940 万人）等。中国约有 120 种少数民族语言，但是普通话还是最常用的语言。

Ethnic Groups in China

China is a multi-ethnic country with 56 nationalities. Among them, the Han is the most populous nation, accounting for 91.11% of the population (2020 data). These fifty-six ethnic groups can be called the “Chinese nation”.

The other fifty-five ethnic groups are generally known as “minorities”. They mainly live in southwest, northwest and northeast China. The most populous ethnic minorities are Zhuang (about 17 million), Hui (about 10.5 million), Manchu (about 10.3 million), Uyghur (about 9.8 million) and Miao (about 9.4 million). There are about 120 minority languages in China, but Mandarin is still the most commonly used language.

学而时习之 Practice Makes Progress

（一）朗读下列短语和句子（Read the following phrases and sentences aloud）

1. 提高　　提高成绩 / 提高要求
　　　　　怎么提高中文水平？

2. 必须　　必须去 / 必须来 / 必须复习
　　你必须认真学习。

3. 认真　　认真听 / 认真复习 / 认真工作
　　他学中文学得很认真。

4. 完成　　完成工作 / 完成练习
　　你的作业完成了吗？

5. 接着　　接着说 / 接着吃 / 接着讲
　　他吃完饭接着写作业。

（二）句子匹配（Choose appropriate sentence）

A. 我想提高中文水平。

B. 明天再去问问他。

C. 王老师非常好。

D. 作业完成了吗？

E. 我的笔记本呢？

1. 有不懂的问题可以去问他。（　　）
2. 你知道我放在哪儿了吗？（　　）
3. 这件事他在电话里讲得不清楚，我不太明白。（　　）
4. 大卫，你怎么还在看电视？（　　）
5. 你有什么好办法吗？（　　）

（三）选词填空（Choose correct words for the blanks）

A. 主要　B. 必须　C. 接着　D. 着急　E. 段　F. 分

1. 课文第二（　　）很长，要认真读。
2. 吃了饭，张东（　　）看书。
3. 别（　　），很快就到了。
4. A：你考了多少（　　）？
   B：还不知道呢。老师没有告诉我。

5. 要提高中文水平，(　　　)好好儿学习语法。

6. 今天的作业(　　　)是复习。

(四) 连词成句 (Form sentences with the words given)

1. 你　　请　　着急　　不要

____

2. 有　　下午　　吗　　中文课

____

3. 教　　王老师　　语法　　我们

____

4. 讲　　清楚　　老师　　得　　非常

____

5. 你　　句子　　难不难　　觉得　　这个

____

(五) 根据拼音写汉字 (Write the Chinese characters according to the following Pinyin)

Zhōng

1. 那是张老师，他教(　　　)文语法课。

xí

2. 下了课我们接着做练(　　　)吧。

bai

3. 你明(　　　)这个词的意思吗?

wán

4. 大卫，你为什么没有(　　　)成作业?

shuǐ

5. 我想提高我的汉语(　　　)平。

第二课　大家都愿意跟他玩儿

学习目标 Learning Objectives

1. 学会用“像……一样”表示比喻或说明情况相似，可以作谓语、定语、补语或状语

Understand that “像……一样” shows a metaphor or the similarity of circumstance. It can be used as the predicate, attribute, complement or adverbial in a sentence

2. 学会单音节形容词重叠表示程度深，重叠形式为“AA 的”，常用来描述人或事物的特征

Learn the reduplicated monosyllabic adjectives in the form of AA *De* to describe the characteristics of a person or thing, indicating a deep degree

3. 学会能愿动词“愿意”，表示认为符合心愿而同意做某事

Learn the auxiliary verb “愿意”，which means “be willing to do something”

课文 1 Text 1

Zhāng Dōng: Wǒ gāngcái kànjiàn yí gè hěn kě'ài de xiǎohái.
张东：我刚才看见一个很可爱的小孩。

Dàwèi: Zài nǎr ne?
大卫：在哪儿呢？

Zhāng Dōng: Nǐ kàn, zài nàr ne! Huáng tóufa de nàge, bú pàng bú shòu, gèzi yě bù gāo bù ǎi.
张东：你看，在那儿呢！黄头发的那个，不胖不瘦，个子也不高不矮。

Dàwèi: Zhēn de hěn kě'ài! Tā de liǎn hóng hóng de, xiǎo zuǐ yě hěn hǎokàn.
大卫：真的很可爱！他的脸红红的，小嘴也很好看。

词汇 1 Vocabulary 1

1	刚才	gāngcái	*n.*	a moment ago; just now
2	可爱	kě'ài	*adj.*	cute; lovable
3	黄	huáng	*adj.*	yellow
4	头发	tóufa	*n.*	hair 头：head; top 发：hair
5	胖	pàng	*adj.*	chubby; plump
			v.	to get chubby; to get plump
6	瘦	shòu	*adj.*	thin
			v.	to become thin
7	个子	gèzi	*n.*	height
8	矮	ǎi	*adj.*	short; low
9	脸	liǎn	*n.*	face
10	嘴	zuǐ	*n.*	mouth

课文 2 Text 2

Zhè shì wǒmen quánjiā de zhàopiàn, zuǒbian zhè wèi shì wǒ bàba, yòubian zhè wèi shì wǒ māma. Wǒ bàba māma dōu hěn rèqíng.
这是我们全家的照片，左边这位是我爸爸，右边这位是我妈妈。我爸爸妈妈都很热情。

Zhōngjiān zhège duǎn tóufa de shì wǒ dìdi, dìdi gèzi méi wǒ gāo, dànshì hěn cōngming. Tā xiàng bàba māma yíyàng, shì yí gè rèqíng de rén, dàjiā dōu xǐhuan tā, dōu yuànyì gēn tā wánr.
中间这个短头发的是我弟弟，弟弟个子没我高，但是很聪明。他像爸爸妈妈一样，是一个热情的人，大家都喜欢他，都愿意跟他玩儿。

词汇 2 Vocabulary 2

1	全	quán	*adj.*	whole; entire; full; total
2	照片	zhàopiàn	*n.*	photo 照：to shine; to illuminate 片： a slice; thin piece
3	位	wèi	*m.*	used for people
4	热情	rèqíng	*adj.*	warm; enthusiastic 热：hot; fervent 情： feeling; emotion; passion
5	中间	zhōngjiān	*n.*	center; middle
6	短	duǎn	*adj.*	short
7	聪明	cōngming	*adj.*	clever; intelligent
8	像	xiàng	*v.*	to look like; similar
9	一样	yíyàng	*adj.*	same; identical
10	愿意	yuànyì	*aux.*	be willing; wish
11	跟	gēn	*prep.*	with

课文 3 Text 3

Dàwèi shì wǒ de hǎo péngyou, tā jīnnián shíjiǔ suì. Tā shuō tā hěn xǐhuan
大卫是我的好朋友，他今年十九岁。他说他很喜欢

xióngmāo, tā juéde xióngmāo de bízi hé ěrduo hěn kě'ài. Tā hái shuō yǒu jīhuì
熊猫，他觉得熊猫的鼻子和耳朵很可爱。他还说有机会

yídìng yào qù Zhōngguó wánr, qù kàn dà xióngmāo, hé dà xióngmāo yìqǐ zhào-
一定要去中国玩儿，去看大熊猫，和大熊猫一起照

xiàng.
相。

词汇 3　Vocabulary 3

1	熊猫	xióngmāo	*n.*	panda
2	鼻子	bízi	*n.*	nose
3	耳朵	ěrduo	*n.*	ear
4	机会	jīhuì	*n.*	chance; opportunity
5	照相	zhàoxiàng	*v.*	to take a photo 相：portrait; picture

注　释　Notes

一、像……一样（Just like）

“像……一样”常用于“A＋像＋B＋一样（＋形容词/动词）”这样的结构，表示比喻或用于说明 A 的外貌或某一特征几乎跟 B 完全一样，在句中可作谓语、定语、补语或状语。例如：

“像……一样” is often used in the pattern of “A + 像 + B + 一样 (+Adj./Verb)” as a metaphor or to indicate that the external appearance or a particular feature of A is almost the same as B. It can be used as a predicate, attribute, complement or adverbial in a sentence. For example,

1. 这个小朋友的脸像苹果一样红。
2. 像妈妈一样，玛丽非常喜欢吃中国菜。
3. 他很热情，像他的哥哥一样经常帮助别人。
4. 我真希望像你一样可爱。

二、单音节形容词重叠＋的（The Reduplication of Monosyllabic Adjective + *De*）

单音节形容词的重叠形式“AA 的”用于表示程度加深，一般用于描绘人或物的特征。例如：

The reduplication of a monosyllabic adjective in the pattern of "AA的" is used to indicate a deep degree, describing the features of a person or object. For example,

1. 他的个子高高的。
2. 她的脸红红的。
3. 她的眼睛大大的。

语法 Grammar

能愿动词："愿意"（Auxiliary Verb "愿意"）

"愿意"表示因符合自己的想法而同意做某事。"愿意"的后边常接动词或动词短语，前边可以有表示程度的副词来修饰。其否定形式为"不愿意"。可以用它的正反式构成一般疑问句。例如：

"愿意" means "be willing to do something; be ready to do something". "愿意" is often followed by a verb or verb phrase, and can be preceded by an adverb indicating degree. Its negative form is "不愿意". "愿意不愿意" is often used to form an affirmative-negative question. For example,

1. 他愿意教我游泳。
2. 弟弟很愿意去北京旅游。
3. 我不愿意跟他玩儿。
4. A：你愿意跟我去看电影吗？
   B：我愿意。/ 我不愿意。
5. 你们愿意不愿意学汉语？

汉字 Chinese Characters

一、偏旁学习（Radicals）

1. **目** 目字旁（mùzìpáng）

Characters with the radical "目" are mostly related to eyes or their movement.

2. 木 木字旁（mùzìpáng）

Characters with the radical " 木 " are usually related to trees.

3. 犭 犬字旁（quǎnzìpáng）

Characters with the radical " 犭 " are mostly related to animals.

4. 月 月字旁（yuèzìpáng）

"月" means meat when it is a radical because the ancient character "肉" (meat) and "月" were similar. So it is mostly related to human bodies.

5. 𧾷 足字旁（zúzìpáng）

Characters containing "𧾷" are mostly related to feet or their movement.

二、认写汉字（Learn and Write Chinese Characters）

① cái
才
just

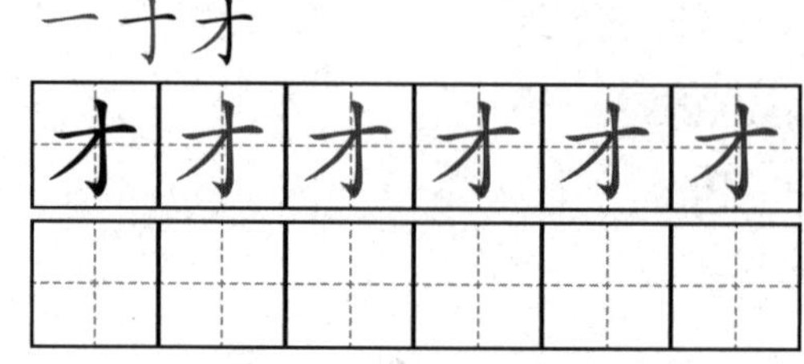

刚（　　）

② tóu
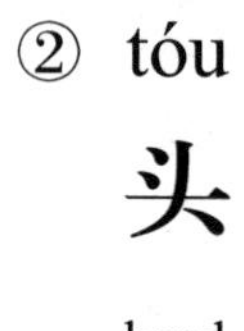
head

（　　）发

③ pàng
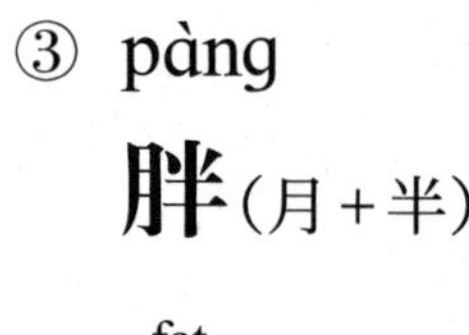
fat

（　　）瘦

④ piàn
片
piece

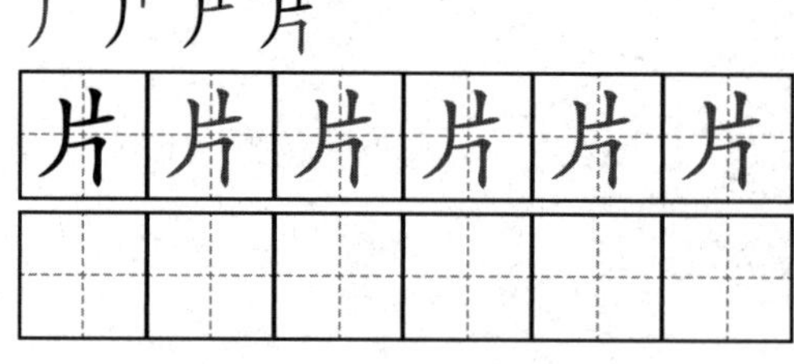

照（　　）

⑤ qíng
情（忄+青）
affection

情 情 情 情 情 情

热（　　）

⑥ jiān 间(门+日) between	丶 丨 门门问问间 间 间 间 间 间 间	中(　　) 房(　　)
⑦ yàng 样(木+羊) appearance	一 十 才 木 木 木′ 木″ 栏 栏样 样 样 样 样 样 样	一(　　)
⑧ gēn 跟(⻊+艮) with	丨 口 口 尸 尸 尸 足 足 跀 跀 跟 跟 跟 跟 跟 跟 跟 跟 跟	(　　)他玩儿
⑨ māo 猫(犭+苗) cat	ノ 了 犭 犭 犭 犭 犭 猫 猫 猫 猫 猫 猫 猫 猫 猫 猫	熊(　　)
⑩ jī 机(木+几) machine	一 十 才 木 机 机 机 机 机 机 机 机	飞(　　) (　　)会

走近中国 A Touch of China

中国的熊猫

熊猫长得很像熊，却又跟熊不太一样，它主要的食物是竹子。它的身体圆滚滚的，肚子白白的，胳膊和腿黑黑的。它眼睛的周围有一圈黑色，特别可爱。别看它的样子“萌萌的”，其实它已经在地球上生存了 800 万年，主要生活在中国的四川、陕西、甘肃，是中国特有的“国宝”动物。熊猫的平均寿命约 25 岁，目前全世界也只有 2500 只左右。

如果你来到中国，一定要去四川看看熊猫。成都大熊猫繁育研究基地是非常有名的旅游景点。在那里，你可以近距离观察熊猫，看看它们怎么吃饭、睡觉、玩耍，非常有意思。

Pandas in China

Pandas look like bears, but they are not the same, and their main food is bamboo. Its body is round, its stomach is white, its arms and legs are black. It has a circle of black around its eyes, which is particularly cute. Despite its very cute appearance, it has lived on earth for 8 million years, and it is China's unique "national treasure" animal. The average life expectancy of pandas is about 25 years, and they mainly live in China's Sichuan, Shaanxi and Gansu. There are only about 2500 pandas in the world today.

If you come to China, be sure to go to Sichuan to see the pandas. The Chengdu Research Base of Giant Panda Breeding is a very famous tourist attraction. You can observe the pandas up close and watch how they eat, sleep and play.

学而时习之　Practice Makes Progress

（一）朗读下列短语和句子（Read the following phrases and sentences aloud）

1. 瘦：　很瘦 / 不瘦 / 非常瘦
　　你太瘦了。
2. 短：　不短 / 短头发 / 真短
　　她的头发短短的。
3. 刚才：　刚才说了 / 刚才去过
　　刚才谁来了？
　　我刚才看见一个可爱的小孩。
4. 机会：　有机会 / 没有机会 / 好机会
　　我希望有机会去北京学习汉语。
5. 一定：　一定去 / 不一定 / 一定可以
　　我一定要去中国学习汉语。

（二）句子匹配（Choose appropriate sentence）

A. 中间这位是谁？
B. 那是你弟弟吗？
C. 那是熊猫。
D. 你愿意跟我去学校吗？
E. 是啊，他的脸红红的，小嘴也很好看。

1. 那是什么？　（　　）
2. 中间这位是我爸爸。　（　　）
3. 不是，我弟弟个子比他高。　（　　）
4. 那个小孩真可爱！　（　　）
5. 我非常愿意。　（　　）

（三）选词填空（Choose correct words for the blanks）

A. 热情　　B. 刚才　　C. 一样　　D. 跟　　E. 聪明

1. 我希望像他（　　），每天都很快乐。

2. 玛丽，（　　）你去哪儿了？

3. 他说愿意（　　）我去买衣服。

4. 他很（　　），每次考试都考得很好。

5. 姐姐是一个很（　　）的人，她很喜欢帮助别人。

（四）连词成句（Form sentences with the words given）

1. 个子　弟弟　矮　比　我

____

2. 这是　照片　我们　全家　的

____

3. 热情　人　的　都是　很　爸爸妈妈

____

4. 我　鼻子　觉得　熊猫　的　很可爱

____

5. 刚才　看见　他　一个　可爱的　女孩

____

（五）根据拼音写汉字（Write the Chinese characters according to the following Pinyin）

1. 那个小孩真（kě）爱。

2. 中间这个短（tóu）发的是我弟弟。

3. 熊猫的（ěr）朵是黑的。

4. 哥哥不胖不瘦，（gè）子不高不矮。

5. 这是我们全家的照（piàn）。

第三课　我对中国文化特别感兴趣

学习目标 Learning Objectives

1. 学会使用“对……感兴趣”，并了解它的否定式是“对……不感兴趣”

Learn the phrase “对……感兴趣” which can be used to express an interest in something. The negative form is “对……不感兴趣”

2. 学会“除了……还……”，表示排除一部分，补充其他的。句子的主语放在句首，或者放在“还”的前边

Learn “除了……还……” which indicates that there are still others besides the part being mentioned. The subject is put at the beginning of the sentence or right before “还”

课文 1 Text 1

Zhāng Dōng: Nǐ de àihào shì shénme?
张　　东：你的爱好是什么？

Dàwèi: Wǒ de àihào shì chànggē, hái yǒu shàngwǎng. Nǐ ne?
大卫：我的爱好是唱歌，还有上网。你呢？

Zhāng Dōng: Wǒ yě xǐhuan shàngwǎng. Chúle wán yóuxì, wǒ hái shàngwǎng kàn tǐyù jiémù.
张　　东：我也喜欢上网。除了玩游戏，我还上网看体育节目。

Dàwèi: Nǐ tīngguo《Běijīng huānyíng nǐ》zhè shǒu Zhōngwén gē ma?
大卫：你听过《北京欢迎你》这首中文歌吗？

Zhāng Dōng: Tīngguo, zhè shǒu gē hěn yǒumíng, wǒ juéde hěn hǎotīng.
张　东：听过，这首歌很有名，我觉得很好听。

Dàwèi: Wǒ yě juéde tèbié hǎotīng.
大卫：我也觉得特别好听。

词汇 1 Vocabulary 1

1	爱好	àihào	*n.*	hobby; interest
			v.	to be fond of or keen on
2	上网	shàngwǎng	*v.*	to surf the internet
3	除了	chúle	*prep.*	except(for); besides
4	体育	tǐyù	*n.*	sports; sports activities
5	节目	jiémù	*n.*	show; performance; program
6	首	shǒu	*m.*	measure word for song(HSK5 Word)
7	有名	yǒumíng	*adj.*	famous
8	特别	tèbié	*adv.*	exceptionally; specially; particularly

课文 2 Text 2

Wǒ yìzhí duì Zhōngguó lìshǐ hé wénhuà tèbié gǎn xìngqù, xiàkè hòu wǒ jīngcháng qù shūdiàn kàn Zhōngguó lìshǐ fāngmiàn de shū. Wǒ xià gè yuè guò shēngrì, péngyou shuō, tā dǎsuàn sòng wǒ yì běn《Zhōngguó wénhuà》, wǒ fēicháng gāoxìng. Wǒ hái xiǎng gěi zìjǐ mǎi yì běn Zhōngguó lìshǐ shū.
我一直对中国历史和文化特别感兴趣，下课后我经常去书店看中国历史方面的书。我下个月过生日，朋友说，他打算送我一本《中国文化》，我非常高兴。我还想给自己买一本中国历史书。

词汇 2 Vocabulary 2

1	一直	yìzhí	*adv.*	all along

2	历史	lìshǐ	*n.*	history
3	文化	wénhuà	*n.*	culture; civilization
4	感兴趣	gǎn xìngqù		to be interested in 感 : to feel　兴趣 : interest
5	方面	fāngmiàn	*n.*	aspect(HSK4 Word)
6	过	guò	*v.*	to live; to pass; to celebrate
7	打算	dǎsuàn	*v.*	to be going to do sth.; to plan to
			n.	plan
8	自己	zìjǐ	*pron.*	oneself; self

课文 3 Text 3

Wǒ de línjū shì yí gè niánqīng de dàxuésheng, tā měi tiān dōu dǎsǎo fáng-
我的邻居是一个年轻的大学生，她每天都打扫房

jiān, zhè shì yí gè hěn hǎo de xíguàn. Tā xǐhuan tīng yīnyuè, kàn xīnwén. Yǒu
间，这是一个很好的习惯。她喜欢听音乐、看新闻。有

shíhou yě kàn gùshi shū. Tā zuì xǐhuan yòng máobǐ huàhuàr. Méiyou kè de shí-
时候也看故事书。她最喜欢用毛笔画画儿。没有课的时

hou, tā zǒngshì zài fángjiān li huàhuàr. Dàjiā dōu juéde tā huà de hěn hǎo, wǒ
候，她总是在房间里画画儿。大家都觉得她画得很好，我

yě rènwéi tā de huàr hěn piàoliang. Tā yǐngxiǎngle wǒ, xiànzài wǒ yě xǐhuan
也认为她的画儿很漂亮。她影响了我，现在我也喜欢

huàhuàr le.
画画儿了。

词汇 3 Vocabulary 3

1	邻居	línjū	*n.*	neighbor
2	年轻	niánqīng	*adj.*	young
3	打扫	dǎsǎo	*v.*	to clean; to sweep

4	习惯	xíguàn	*n.*	habit; custom
			v.	to be accustomed to; to be/get used to
5	音乐	yīnyuè	*n.*	music
6	新闻	xīnwén	*n.*	news
7	故事	gùshi	*n.*	story
8	用	yòng	*v.*	to use
9	毛笔	máobǐ	*n.*	Chinese writing brush 毛：hair；feather 笔：pen; pencil
10	画	huà	*v.*	to draw; to paint
			n.	picture; drawing; painting
11	总是	zǒngshì	*adv.*	always
12	认为	rènwéi	*v.*	to think; to consider
13	影响	yǐngxiǎng	*v.*	to influence; to affect; to concern

注释 Notes

对……感兴趣（Be Interested in ... ）

“对……感兴趣”表示对某人或某事物产生好感，其否定形式为“对……不感兴趣”。“感兴趣”不能带宾语，它的对象应放在“对”的后边。如果有程度副词，需要放在“感兴趣”的前边，如“很感兴趣”。例如：

“对……感兴趣” is used to express an interest in someone or something, and its negative form is “对……不感兴趣”. The object of “be interested in” should be placed after “对”. And the adverb of degree needs to be placed before “感兴趣”, such as “对……很感兴趣”. For example,

1. 我对中文歌感兴趣。
2. 她对体育节目不感兴趣。
3. 姐姐对中国历史很感兴趣。

语　法 Grammar

除了……还……（Besides; In Addition to）

"除了……还……"用于表示排除已知的，补充其他的，其中"除了……"之后是已知的，"还……"之后是其他的。句子的主语可以放在句首，也可以放在"还"的前边。例如：

"除了……还……" is used to indicate the exclusion of the part being mentioned and the addition of other part. The mentioned part should be placed after "除了" and the other part should be placed after "还". The subject of the sentence can be placed either at the beginning of the sentence or before "还". For example,

1. 我除了上网看新闻，还玩游戏。
2. 除了听音乐，我还喜欢看电影。
3. 除了会唱中文歌，我还会用毛笔画画儿。

汉　字 Chinese Characters

一、偏旁学习（Radicals）

1. 亻　单人旁（dānrénpáng）

Characters with the radical "亻" are often related to people.

2. 扌　提手旁（tíshǒupáng）

Characters with the radical "扌" are mostly related to hands and their movement.

3. 口　口字旁（kǒuzìpáng）

Characters with the radical "口" are usually related to mouth or oral movement.

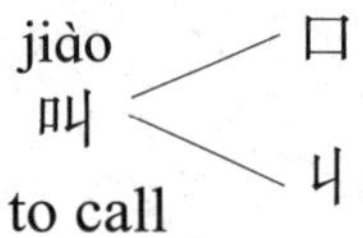

chī
吃
to eat
口
乞

4. 忄 竖心旁 (shùxīnpáng)

Characters containing “忄” are mostly related to mental activities.

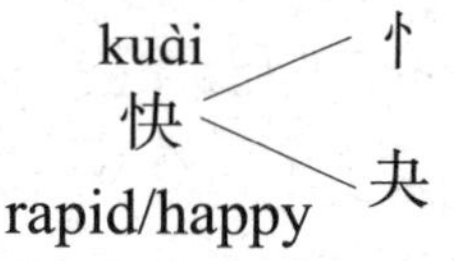

5. 禾 禾字旁 (hézìpáng)

Characters with “禾” are mostly related to crops.

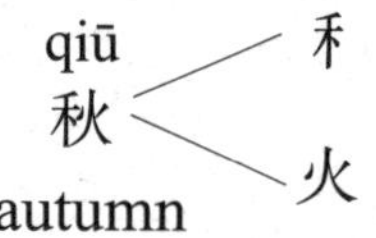

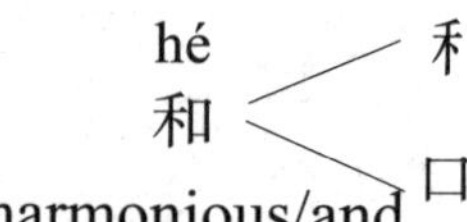

二、认写汉字 (Learn and Write Chinese Characters)

① ài

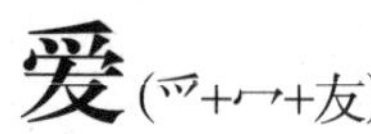

to love

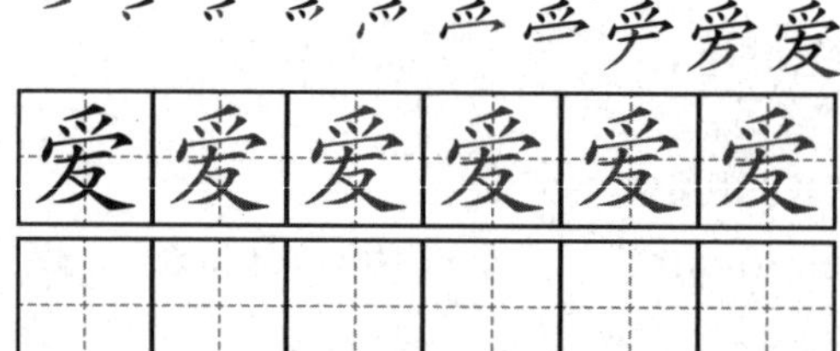

(　　) 好

② wǎng

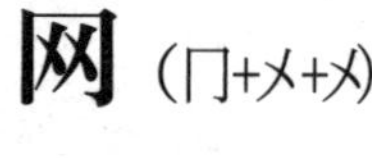

net

上 (　　)

③ tǐ

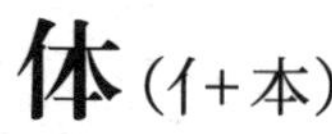

body

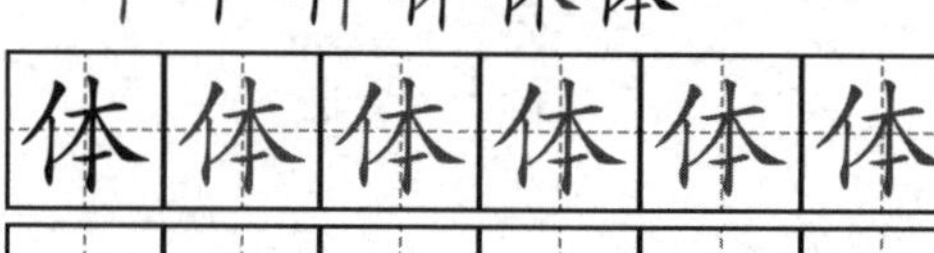

(　　) 育

身 (　　)

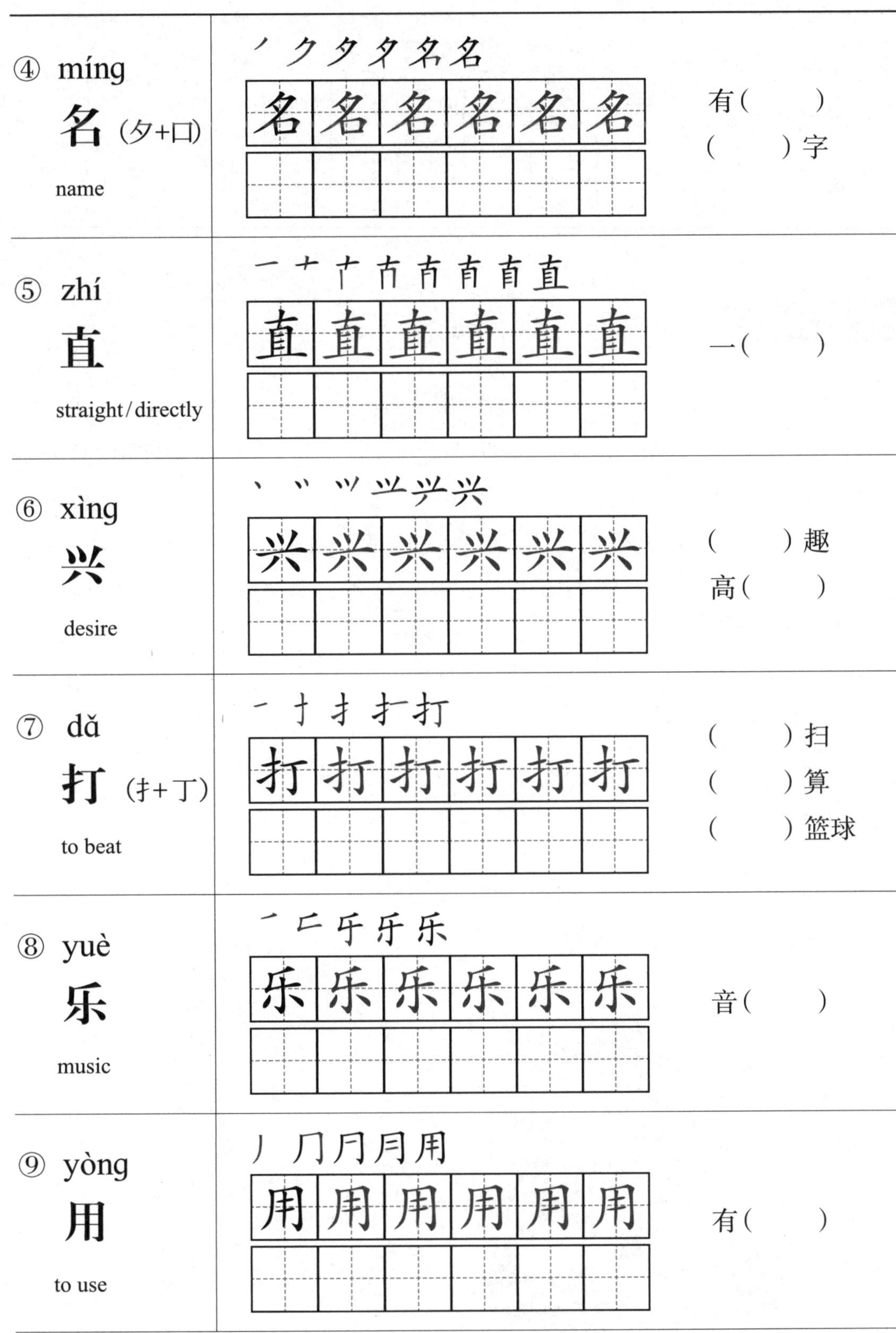
④ míng
名 (夕+口)
name
丿 ク 夕 夕 名 名
名 名 名 名 名 名
有(　　)
(　　)字
⑤ zhí
直
straight/directly
一 十 ㇀ 冇 冇 育 直 直
直 直 直 直 直 直
一(　　)
⑥ xìng
兴
desire
丶 〃 ⺍ 𭕄 兴 兴
兴 兴 兴 兴 兴 兴
(　　)趣
高(　　)
⑦ dǎ
打 (扌+丁)
to beat
一 十 扌 扌 打
打 打 打 打 打 打
(　　)扫
(　　)算
(　　)篮球
⑧ yuè
乐
music
一 匚 乐 乐 乐
乐 乐 乐 乐 乐 乐
音(　　)
⑨ yòng
用
to use
丿 冂 月 月 用
用 用 用 用 用 用
有(　　)

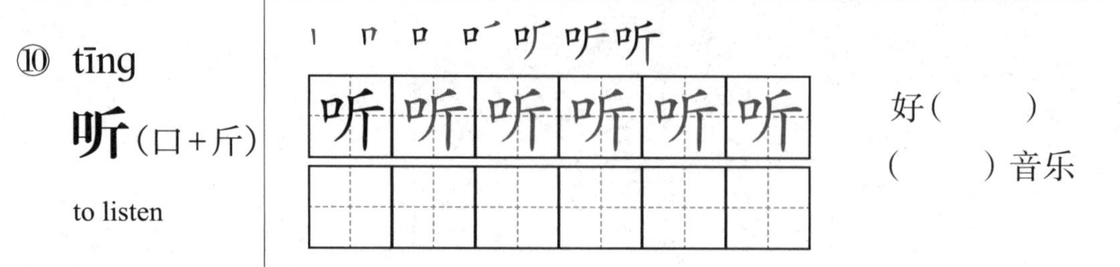

⑩ tīng

听（口+斤）

to listen

丨 ㄇ 口 口′ 叮 听 听

听 听 听 听 听 听

好（　　）

（　　）音乐

走近中国　A Touch of China

中国书画

中国书画包括中国书法和中国绘画。历史上，中国书法和传统绘画关系密切，所以人们喜欢把它们放在一起，叫做书画。

中国书法是汉字的书写艺术。传统书法的工具包括笔（毛笔）、墨、纸、砚，叫做“文房四宝”。中国历史上有很多有名的书法家，王羲之和他的儿子王献之都是中国历史上成就最高的书法家之一。

中国画主要分为人物、山水、花鸟三大类，都是用艺术来表现哲学思想。人物画表现的是人类社会，也就是人与人的关系；山水画表现的是人与自然的关系，将人与自然融为一体；花鸟画则是表现大自然的各种生命，与人和谐相处。

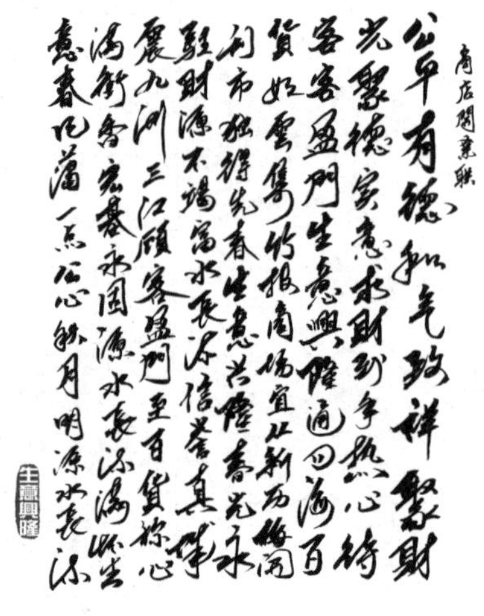

Chinese Calligraphy and Paintings

Chinese calligraphy art includes Chinese calligraphy and Chinese painting as they were closely related in the history.

Chinese calligraphy is the writing art of Chinese characters. Traditional calligraphy tools include brush, ink, paper, and inkstone, which are called "the four treasures of the study". There are a lot of famous calligraphers in Chinese history, such as Wang Xizhi and his son Wang Xianzhi, who were among the most accomplished ones.

Chinese painting is mainly divided into three categories of figures, landscapes, flowers and birds, all of which use the art to express philosophy. The figure painting shows the human society, which is the interpersonal relationships. Landscape painting shows the relationship between man and nature. Flower and bird painting is used to show nature life and people living in harmony.

学而时习之　Practice Makes Progress

（一）朗读下列短语和句子（Read the following phrases and sentences aloud）

1. 有名：　很有名 / 特别有名 / 有名的中国菜
　　这首中文歌非常有名。

2. 打算：　打算去旅游 / 打算回学校 / 有什么打算
　　我打算学画画儿。

3. 影响：　有影响 / 没有影响 / 影响很大
　　他影响了我。

4. 习惯：　好习惯 / 坏习惯 / 习惯了
　　她有一个很好的习惯。

5. 爱好：　一个爱好 / 有很多爱好 / 爱好上网
　　你的爱好是什么？

（二）句子匹配（Choose appropriate sentence）

A. 你的爱好是什么？

B. 我觉得特别好听。

C. 下课后你经常做什么？

D. 我打算送他一本历史书，你呢？

E. 你弟弟上网玩游戏吗？

1. 我经常去书店看中国文化方面的书。　（　　）
2. 你觉得这首中文歌怎么样？　（　　）
3. 大卫明天过生日，你打算送他什么？　（　　）
4. 不玩，他经常上网看新闻。　（　　）
5. 我的爱好是上网玩游戏和听音乐。　（　　）

（三）选词填空（Choose correct words for the blanks）

A. 习惯　　B. 一直　　C. 有名　　D. 年轻　　E. 除了

1. 这个电影很（　　），我已经看过了。
2. 学校里来了一位新的中文老师，22 岁，很（　　）。
3. 姐姐（　　）会画画儿，还会唱中文歌。
4. 每天打扫房间是一个很好的（　　）。
5. 他（　　）对中国历史很感兴趣。

（四）连词成句（Form sentences with the words given）

1. 总是　　他　　在　　看电影　　房间

____

2. 弟弟　　用　　上网　　手机　　喜欢

____

3. 你　　打扫　　每天　　都　　吗　　房间

____

4. 写的　　这个　　我的邻居　　是　　故事

____

5. 不　　对　　感兴趣　　我　　节目　　体育

____

（五）根据拼音写汉字（Write the Chinese characters according to the following Pinyin）

shàng
1. 哥哥喜欢（　　）网玩游戏。

nián
2. 他的邻居是一位（　　）轻的大学生。

yuè
3. 姐姐特别喜欢听音（　　）。

wéi
4. 我认（　　）每天打扫房间是一个很好的习惯。

zhí
5. 弟弟一（　　）喜欢踢足球。

第四课　茶或者咖啡都可以

学习目标 Learning Objectives

1. 学会“形容词 + 的”结构，相当于名词，可做宾语或主语

Study the structure of “形容词 +的” which is equivalent to a noun, can be used as object or subject

2. 学会表示选择的“还是”和“或者”

Study “还是” and “或者” both of which are used to connect choices

3. 学会“把”字句的基础用法

Study *Ba*-sentence which can be used to indicate a certain action done on a definite person or thing

课文 1 Text 1

(Zài jiàoshì)
（在 教室）

Dàwèi: Mǎlì, xīngqītiān nǐ yǒu shíjiān ma? Kěyǐ hé wǒ yìqǐ qù shāngdiàn ma?
大卫：玛丽，星期天你有时间吗？可以和我一起去商店吗？

Mǎlì: Xīngqītiān wǒ méi shénme shìr, kěyǐ hé nǐ yìqǐ qù. Nǐ yào mǎi shénme dōngxi?
玛丽：星期天我没什么事儿，可以和你一起去。你要买什么东西？

Dàwèi: Wǒ xiǎng mǎi yì tiáo kùzi , yí jiàn chènshān, hái yào mǎi yì shuāng píxié .
大卫：我 想 买 一 条 裤子、一 件 衬 衫，还 要 买 一 双 皮鞋。

Mǎlì: Hǎode. Wǒmen yìqǐ qù ba, wǒ xiǎng mǎi yì tiáo qúnzi. Wǒ de bāo jiù le , xiǎng mǎi yí gè xīn de .
玛丽：好的。我 们 一起 去 吧，我 想 买 一 条 裙子。我 的 包 旧 了， 想 买 一 个 新 的。

Dàwèi: Duì, nǐ kàn, zhèli yǐjīng huài le.
大卫：对，你 看，这里 已经 坏 了。

词汇 1 Vocabulary 1

1	裤子	kùzi	*n.*	trousers; pants
2	衬衫	chènshān	*n.*	shirt
3	双	shuāng	*m.*	pair; couple
4	皮鞋	píxié	*n.*	leather shoes 皮：leather; skin; fur 鞋：shoe
5	条	tiáo	*m.*	measure word for long and thin items/ things
6	裙子	qúnzi	*n.*	skirt; blouse
7	包	bāo	*n.*	bag
8	旧	jiù	*adj.*	old (things); worn
9	坏	huài	*adj.*	bad

课文 2 Text 2

(Xīngqītiān Dàwèi hé Mǎlì yìqǐ qù shāngdiàn mǎi dōngxi)
（星 期 天 大 卫 和 玛丽 一起 去 商 店 买 东 西）

Dàwèi: Zhè jiàn chènshān duōshao qián?
大卫：这 件 衬 衫 多 少 钱？

Fúwùyuán: Èrbǎi jiǔshíjiǔ kuài.
服务员：299块。

Dàwèi: Mǎlì, nǐ juéde lánsè de hǎokàn háishi báisè de hǎokàn?
大卫：玛丽，你觉得蓝色的好看还是白色的好看？

Mǎlì: Wǒ juéde lánsè de bǐjiào hǎokàn.
玛丽：我觉得蓝色的比较好看。

Dàwèi: Hǎo, wǒ jiù mǎi lánsè de ba.
大卫：好，我就买蓝色的吧。

Dàwèi: Zhè tiáo kùzi duōshao qián?
大卫：这条裤子多少钱？

Fúwùyuán: Sānbǎi jiǔshíjiǔ kuài.
服务员：399块。

Dàwèi: Zhè shuāng píxié ne?
大卫：这双皮鞋呢？

Fúwùyuán: Píxié wǔbǎi jiǔshíjiǔ kuài yì shuāng. Nín de jiǎo duō dà?
服务员：皮鞋599块一双。您的脚多大？

Dàwèi: Wǒ chuān sìshísān hào de.
大卫：我穿43号的。

Fúwùyuán: Hǎode, nín shì yí xià ba.
服务员：好的，您试一下吧。

(Dàwèi shìwán píxié, juéde hěn mǎnyì)
（大卫试完皮鞋，觉得很满意）

Dàwèi: Chènshān, kùzi hé píxié yígòng duōshao qián?
大卫：衬衫、裤子和皮鞋一共多少钱？

Fúwùyuán: Yígòng yīqiān èrbǎi jiǔshíqī kuài.
服务员：一共1297块。

Dàwèi: Qǐngwèn kěyǐ yòng xìnyòngkǎ ma?
大卫：请问可以用信用卡吗？

Fúwùyuán: Kěyǐ.
服务员：可以。

Dàwèi: Mǎlì, wǒ hái xiǎng mǎi yí gè màozi.
大卫：玛丽，我还想买一个帽子。

Mǎlì: Nǐ yǐjīng huāle hěn duō qián le, bié mǎi le. Wǒ è le, wǒmen qù chī-
玛丽：你已经花了很多钱了，别买了。我饿了，我们去吃

fàn ba.
饭 吧。

Dàwèi: Hǎo ba.
大卫： 好 吧。

词汇 2　Vocabulary 2

1	蓝	lán	*adj.*	blue
2	还是	háishi	*conj.*	or
3	比较	bǐjiào	*adv.*	comparatively; fairly; quite
4	脚	jiǎo	*n.*	foot
5	试	shì	*v.*	to try; to test
6	满意	mǎnyì	*adj.*	satisfied
7	一共	yígòng	*adv.*	altogether; in total
8	信用卡	xìnyòngkǎ	*n.*	credit card 卡：card
9	帽子	màozi	*n.*	hat; cap
10	花	huā	*v.*	to spend
11	饿	è	*adj.*	hungry

课文 3　Text 3

(Mǎiwán dōngxi, Dàwèi hé Mǎlì qù fàndiàn chīfàn)
（买 完 东 西，大 卫 和 玛丽 去 饭 店 吃 饭）

Dàwèi: Fúwùyuán, yǒu càidān ma? Wǒ xiǎng kànkan yǒu shénme cài.
大 卫：服务 员 ，有 菜 单 吗？ 我 想 看 看 有 什 么 菜。

Fúwùyuán: Yǒu, gěi nín.
服务 员 ：有 ，给 您。

Dàwèi: Wǒ yào yú hé yì wǎn mǐfàn. Mǎlì, nǐ chī shénme?
大 卫：我 要 鱼 和 一 碗 米饭。玛丽，你 吃 什 么？

Mǎlì: Wǒ yào yángròu hé yì wǎn miàntiáo. Dàwèi, nǐ zài zuò shénme ne?
玛丽：我要羊肉和一碗面条。大卫，你在做什么呢？

Dàwèi: Wǒ zài xǐ kuàizi hé wǎn ne. Yǒu de rén chīfàn qián yào bǎ kuàizi, wǎn hé pánzi yòng rè shuǐ xǐ yi xǐ, juéde zhèyàng bǐjiào gānjìng.
大卫：我在洗筷子和碗呢。有的人吃饭前要把筷子、碗和盘子用热水洗一洗，觉得这样比较干净。

Mǎlì: Nǐ zhège xíguàn zhēn hǎo!
玛丽：你这个习惯真好！

Dàwèi: Shìde, wǒ kàndào yí gè péngyou zhèyàng zuò. Kāishǐ de shíhou wǒ juéde hěn qíguài, xiànzài wǒ yǐjīng xíguàn le.
大卫：是的，我看到一个朋友这样做。开始的时候我觉得很奇怪，现在我已经习惯了。

……

Mǎlì: Wǒ chī bǎo le, nǐ kě bu kě?
玛丽：我吃饱了，你渴不渴？

Dàwèi: Nǐ xiǎng hē shénme yǐnliào? Chá háishi kāfēi?
大卫：你想喝什么饮料？茶还是咖啡？

Mǎlì: Chá huòzhě kāfēi dōu kěyǐ.
玛丽：茶或者咖啡都可以。

Dàwèi: Hǎode. Fúwùyuán, gěi wǒmen yì bēi chá hé yì bēi kāfēi.
大卫：好的。服务员，给我们一杯茶和一杯咖啡。

词汇 3　Vocabulary 3

1	菜单	càidān	*n.*	menu 菜：dish；cusine　单：bill; list
2	碗	wǎn	*n.*	bowl
			m.	a bowl of
3	筷子	kuàizi	*n.*	chopsticks
4	把	bǎ	*prep.*	dealing with (used before an object, followed by a transitive verb)
5	盘子	pánzi	*n.*	tray; plate
6	干净	gānjìng	*adj.*	clean
7	奇怪	qíguài	*adj.*	odd; strange; unusual

8	饱	bǎo	*adj.*	full
9	渴	kě	*adj.*	thirsty
10	饮料	yǐnliào	*n.*	beverage; drinks 饮：to drink　料：material; stuff

注释 Notes

一、形容词 + 的（Adjective + *De*）

"形容词 + 的"的结构相当于一个名词短语，在句中可作主语或宾语。"的"代替了被省略的中心语。例如：

The pattern of "形容词 + 的" is equivalent to a noun phrase and can be used as subject or object in a sentence. "的" is the substitute for the omitted headword. For example,

1. 你应该买大的。
2. 我要新的。
3. 白的漂亮。
4. 便宜的在那儿。

二、"还是"和"或者"（"还是" and "或者"）

"还是"和"或者"都用于连接选择项。"还是"一般用于疑问句，表示说话人认为答案只有一个，要求对方确认。"或者"一般用于肯定句，表示说话人认为多种可能性都存在。例如：

Both "还是" and "或者" are used to connect choices. "还是" is generally used in interrogative sentences to indicate that the speaker thinks there is only one answer and asks the listener to confirm it. "或者" is generally used in affirmative sentences to indicate that the speaker believes that multiple possibilities exist. For example,

1. 你喜欢打篮球还是踢足球？
2. 这件衣服漂亮还是那件衣服漂亮？

3. 你是中国人还是泰国人？
4. 茶或者咖啡都可以。
5. 苹果或者西瓜，我都喜欢。
6. 不懂的问题可以问老师或者同学。

语 法 Grammar

“把”字句的基本形式（Basic Pattern of *Ba*–sentence）

“把”字句的基本结构是：

The basic pattern of *Ba*-sentence is:

（主语）+ 把 + 名词 + 动词 +（了）

(Subject) + *Ba* + Noun + Verb + (*Le*)

“把”字句的结构“A 把 B + 动词 + ……”，表示 A 对 B 进行处置或给予影响，使 B 发生了某种变化。A 是动作的发出者，B 是动作的对象，而且 B 必须是确指的。“把”字句常用来陈述已经发生的事或表示要求和判断。例如：

The pattern of *Ba*-sentence is “A 把 B + 动词 + ……”, which is used to indicate that A disposes of or gives influence to B, causing some kind of change in B. A is the agent of the action, and B is the patient and should be specific. *Ba*-sentence is often used to state what has happened or to express requests and judgments. For example,

1. 姐姐把水果洗了。
2. 小狗把红烧鱼吃了。
3. 你把课文读一读。
4. 大卫，请把房间打扫打扫。

汉字 Chinese Characters

一、偏旁学习（Radicals）

1. 衤　衣字旁（yīzìpáng）

Characters with the radical "衤" are often related to clothes.

2. 饣　食字旁（shízìpáng）

Characters with the radical "饣" are mostly related to food, grain or eating.

3. 扌　提土旁（títǔpáng）

Characters with the radical "扌" are usually related to earth.

4. 冫　两点水（liǎngdiǎnshuǐ）

Characters with "冫" are mostly related to freezing and coldness.

5. 钅　金字旁（jīnzìpáng）

Characters containing "钅" are mostly related to metal.

二、认写汉字（Learn and Write Chinese Characters）

① chèn

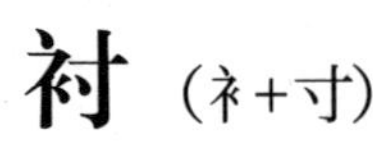

lining

（　　）衫

---

② shuāng

pair

一（　　）皮鞋

---

③ jiù

旧（丨+日）

old; worn

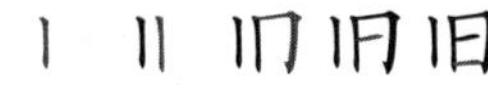

（　　）裤子

（　　）包

---

④ huài

坏（土+不）

bad

一 十 土 土一 圷 坏 坏

（　　）了

---

⑤ hái

还（不+辶）

still

一 丆 不 不 不 还 还

还 还 还 还 还 还

（　　）是

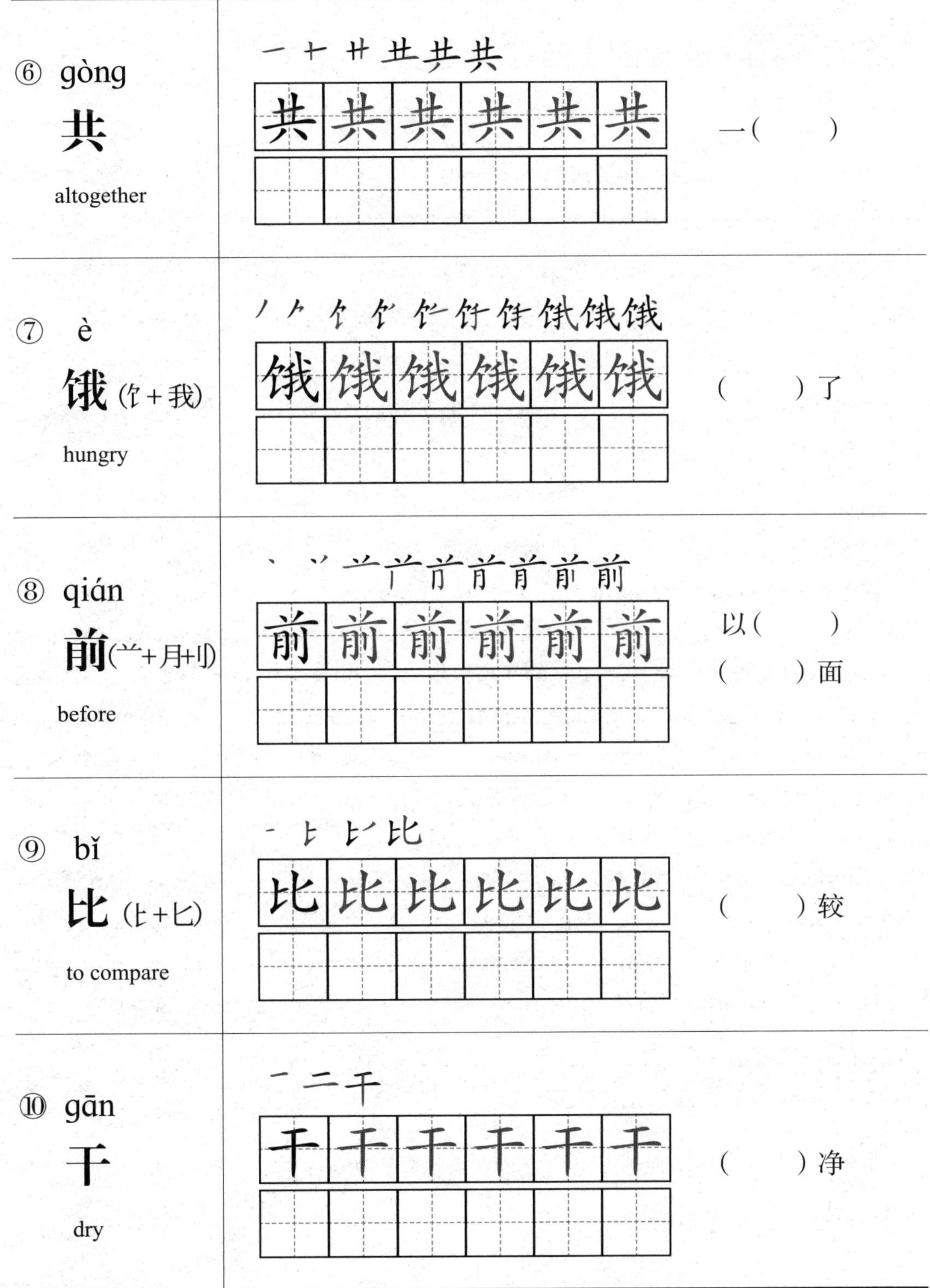
⑥ gòng
共
altogether
一 十 廾 廾 共 共
共 共 共 共 共 共
一(   )
⑦ è
饿 (饣+我)
hungry
饿 饿 饿 饿 饿 饿
(   )了
⑧ qián
前(䒑+月+刂)
before
前 前 前 前 前 前
以(   )
(   )面
⑨ bǐ
比 (比+匕)
to compare
一 ト 比 比
比 比 比 比 比 比
(   )较
⑩ gān
干
dry
一 二 干
干 干 干 干 干 干
(   )净

走近中国 A Touch of China

中国茶文化

中国茶文化是中国制茶、饮茶的文化。中国是茶的故乡，中国人发现并利用茶，据说始于神农时代，距今约 4700 多年。唐朝的《茶经》是中国甚至世界最早介绍茶的一部专著。作者陆羽被称为“茶圣”。根据发酵程度，中国茶可分为六大类：绿茶、白茶、黄茶、乌龙茶、黑茶、红茶。

中国人饮茶，注重一个“品”字。品茶的环境要安静、舒适、干净。中国园林世界闻名，在园林或自然山水间，用木头做亭子、凳子，搭设茶室，给人一种诗情画意的感觉。

Chinese Tea Culture

Chinese tea culture is the culture of Chinese tea making and tea drinking. China is the hometown of tea. The discovery and use of tea by Chinese people is said to have started in the Shennong Era, about 4700 years ago. The *Tea Classics* of Tang Dynasty was the first monograph to introduce tea in China and even in the world. The author Lu Yu is known as the “tea saint”. According to the degree of fermentation, Chinese tea can be divided into six categories: green tea, white tea, yellow tea, oolong tea, dark tea and black tea.

Chinese people drink tea and highly value the “taste”. The environment for tasting tea should be quiet, comfortable and clean. Chinese gardens are world-famous. In gardens or natural landscapes, furnished with wooden pavilions and stools, tea rooms are set up to give people a poetic and picturesque mood.

学而时习之 Practice Makes Progress

（一）朗读下列短语和句子（Read the following phrases and sentences aloud）

1. 件：　一件衣服 / 一件衬衫

　　我想买一件红色的衣服。

2. 条：　一条裤子 / 一条裙子
爸爸买了一条鱼。

3. 双：　一双手 / 一双筷子
玛丽买了一双新皮鞋。

4. 满意：　非常满意 / 不满意
麦克试了试裤子，觉得很满意。

（二）句子匹配（Choose appropriate sentence）

A. 你喝什么饮料？
B. 你觉得红色的裙子漂亮，还是蓝色的裙子漂亮？
C. 衬衫、裤子和皮鞋一共多少钱？
D. 这双皮鞋太大了，有没有小一点的？
E. 你们商店可以用信用卡吗？

1. 2000 块。（　　）
2. 对不起，先生，只有这一双了。（　　）
3. 茶或者咖啡都可以。（　　）
4. 可以。（　　）
5. 我觉得蓝色的比较漂亮。（　　）

（三）选词填空（Choose correct words for the blanks）

A. 花　B. 满意　C. 把　D. 还是　E. 试　F. 比较

1. 我给女朋友买了一个苹果手机，（　　）了 5000 块钱。
2. 星期天你（　　）衣服洗一洗。
3. 弟弟这次考试考了 100 分，爸爸妈妈非常（　　）。
4. A：你是中国人（　　）泰国人？
B：我是泰国人。
5. 我对中国历史（　　）感兴趣。

6. 大卫（　　）完衣服，觉得太大了。

（四）连词成句（Form sentences with the words given）

1. 想　我　一双　买　皮鞋

____

2. 把　复习复习　同学们　课文

____

3. 茶　咖啡　或者　可以　都

____

4. 我　碗和筷子　洗　在　呢

____

5. 件　这　衬衫　旧　了　太

____

（五）根据拼音写汉字（Write the Chinese characters according to the following Pinyin）

1. 我（chī）饱了，但是有点儿渴。

2. 小姐，一（gòng）100 块钱。

3. 玛丽要一碗（mǐ）饭和一杯茶。

4. 衣服洗（gān）净了。

5. 这双鞋太（jiù）了，去买一双新的吧。

第五课　我生病了

学习目标 Learning Objectives

1. 学会“形容词 + 一点儿”表示经过比较后事物怎么样或应该怎么样

Understand “形容词 + 一点儿” which indicates how things are or should be after making a comparison

2. 学会“越来越 + 形容词”，表示随着时间的推移，程度上发生的变化

Understand “越来越 + 形容词” which indicates the degree of change over time

课文 1 Text 1

(Zài lǎoshī bàngōngshì)
（在 老师 办 公 室）

Lǎoshī: Dàwèi, jīntiān shàngkè nǐ wèishénme chídào le ne?
老 师：大卫，今天 上 课 你 为 什 么 迟 到 了 呢？

Dàwèi: Lǎoshī, duìbuqǐ! Zuótiān wǎnshang wǒ fāshāo le, tóu yě hěn téng, gāngcái wǒ xiān qù yīyuàn kànle bìng, ránhòu nále yìxiē yào.
大 卫：老 师，对不起！昨 天 晚 上 我 发 烧 了，头 也 很 疼，刚 才 我 先 去 医 院 看了 病，然 后 拿了 一些 药。

Lǎoshī: Duìbuqǐ, wǒ bù zhīdao nǐ shēngbìng le. Chī yào le ma? Hǎo yìdiǎnr le ma?
老 师：对不起，我 不 知 道 你 生 病 了。吃 药 了 吗？好 一点儿 了 吗？

Dàwèi: Xièxie lǎoshī de guānxīn! Wǒ chīguo le, hěn yǒu zuòyòng, xiànzài yǐjīng shūfu duō le.
大 卫：谢 谢 老 师 的 关 心！我 吃 过 了，很 有 作 用，现 在 已经 舒服 多 了。

词汇 1 Vocabulary 1

1	办公室	bàngōngshì	*n.*	office 办公：to do office work 室：room
2	迟到	chídào	*v.*	to be late (for) 迟：late,delayed　到：arrival
3	发烧	fāshāo	*v.*	to have a fever 发：to set out　烧：to burn
4	头	tóu	*n.*	head; top
5	疼	téng	*adj.*	ache; hurt
6	拿	ná	*v.*	to bring; to hold; to take
7	关心	guānxīn	*v.*	to be concerned about; to care for
			n.	concern; consideration
8	作用	zuòyòng	*n.*	effect; influence(HSK4 Word)

课文 2 Text 2

(Dǎ diànhuà)
（打 电 话 ）

Měilì: Wǒ zuìjìn yòu pàng le , qùnián de yīfu dōu bùnéng chuān le.
美丽：我 最近 又 胖 了，去 年 的 衣服 都 不 能 穿 了。

Bái Xuě: Shì ma? Kěnéng shì zuìjìn nǐ chī tài duō tián de le. Nǐ yào duō yùndòng.
白 雪：是 吗？可 能 是 最近 你 吃 太 多 甜 的 了。你 要 多 运 动 。

Měilì: Shìde, duànliàn hěn zhòngyào, wèile shēntǐ jiànkāng, cóng jīntiān kāishǐ, wǒ yào huā gèng duō de shíjiān qù duànliàn shēntǐ!
美丽：是的，锻 炼 很 重 要，为了 身体 健 康 ，从 今天 开 始，我 要 花 更 多 的 时 间 去 锻 炼 身体！

Bái Xuě: Hǎo, zhèyàng nǐ huì yuè lái yuè piàoliang de.
白雪：好，这样你会越来越漂亮的。

词汇 2 Vocabulary 2

1	最近	zuìjìn	*n.*	recentness
2	去年	qùnián	*n.*	last year
3	甜	tián	*adj.*	sweet
4	锻炼	duànliàn	*v.*	to exercise
5	重要	zhòngyào	*adj.*	important 重：heavy; serious 要：important;vital
6	为了	wèile	*prep.*	for
7	健康	jiànkāng	*adj.*	healthy
			n.	health
8	更	gèng	*adv.*	more (used for comparison)
9	越	yuè	*adv.*	more; more and more

课文 3 Text 3

Wǒ de tuǐ téng, téng de wǒ xiǎng kū, zhǐnéng tǎng zài chuáng shang. Bàba māma dōu hěn dānxīn. Wǒ shuō: "nǐmen fàngxīn qù shàngbān ba, wǒ huì xiǎoxīn zhàogu zìjǐ de." Māma gěi wǒ mǎile xiāngjiāo, xīguā hé xīnxiān de miànbāo, hái mǎile wǒ zuì ài hē de kělè.
我的腿疼，疼得我想哭，只能躺在床上。爸爸妈妈都很担心。我说："你们放心去上班吧，我会小心照顾自己的。"妈妈给我买了香蕉、西瓜和新鲜的面包，还买了我最爱喝的可乐。

Wǒ yí gè rén zàijiā. Shàngwǔ tīngting yīnyuè, kànkan shū, èle jiù chī miànbāo hé xiāngjiāo, kěle jiù hē kělè, chī xīguā. Chīwán hòu, wǒ shuāyá,
我一个人在家。上午听听音乐、看看书，饿了就吃面包和香蕉，渴了就喝可乐、吃西瓜。吃完后，我刷牙、

xǐzǎo, ránhòu qù shuìjiào. Bàba māma xiàwǔ xiàbān huí jiā de shíhou, wǒ de
洗澡，然后去睡觉。爸爸妈妈下午下班回家的时候，我的
tuǐ yǐjīng bù téng le.
腿已经不疼了。

词汇 3 Vocabulary 3

1	腿	tuǐ	*n.*	leg
2	哭	kū	*v.*	to cry; to weep
3	只	zhǐ	*adv.*	only; just
4	躺	tǎng	*v.*	to lie; to lie down(HSK4 Word)
6	担心	dānxīn	*v.*	to worry; to be afraid; to feel concerned
7	放心	fàngxīn	*v.*	to feel relieved; to be at ease
8	小心	xiǎoxīn	*v.*	to be careful; to be cautious
			adj.	careful
9	照顾	zhàogu	*v.*	to care for; to look after
10	香蕉	xiāngjiāo	*n.*	banana
11	新鲜	xīnxiān	*adj.*	fresh
12	面包	miànbāo	*n.*	bread
13	可乐 *	kělè	*n.*	cola
14	刷牙	shuāyá	*v.*	to brush one's teeth 刷：to brush　牙：tooth
15	洗澡	xǐzǎo	*v.*	to shower; to bath

注释 Notes

一、形容词 + 一点儿（Adjective + *Yidianr*）

“形容词 + 一点儿”含有比较的意思，常用于表示希望、要求，也常用于“比”字句。例如：

“形容词 + 一点儿” contains the meaning of comparison and is often used to express a wish or request, and also often used in a comparative sentence. For example,

1. 我想买一个大一点儿的杯子。
2. 这件衣服便宜一点儿怎么样?
3. 你的腿好一点儿了吗?
4. 西瓜比苹果贵一点儿。
5. 这个星期比上个星期冷一点儿。

二、为了（For; In Order to）

“为了”用于引入动作和行为的目的。例如：

“为了” is used to introduce the purpose of an action or behavior. For example,

1. 我学习汉语是为了能在中国工作。
2. 为了身体更健康，她每天都去跑步。
3. 为了准备考试，他每天都学习到很晚。

三、更（More; Even More）

“更”表示程度在原来基础上的加深，常用在形容词和动词的前边。例如：

“更” indicates a strengthening of degree from the original, and is often used before adjectives and verbs. For example,

1. 她比我更喜欢跳舞。
2. 今天比昨天更热。
3. 这几年学汉语的人更多了。

四、越来越（More and More）

“越来越”表示程度随着时间的变化而发生变化。例如：

“越来越” indicates that the degree changes with time passing by. For example,

1. 天气越来越冷了。
2. 我们学校越来越漂亮了。
3. 越来越多的人开始学习汉语。

汉字 Chinese Characters

一、偏旁学习（Radicals）

1. 火　火字旁（huǒzìpáng）

Characters with the radical "火" are often related to fire.

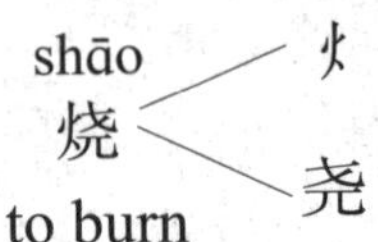

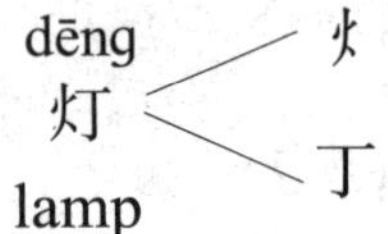

2. 氵　三点水（sāndiǎnshuǐ）

Characters with the radical "氵"are often related to water.

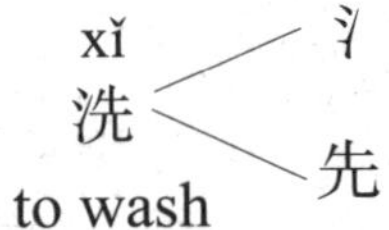

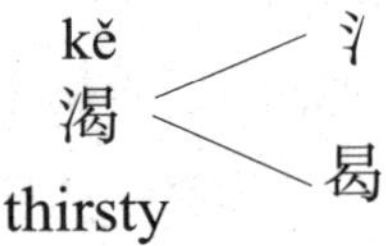

3. 舌　字旁（shézìpáng）

Characters with the radical "舌" are usually related to tongue.

4. 女　女字旁（nǚzìpáng）

Characters with the radical "女" are often related to women.

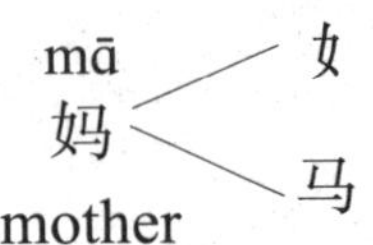

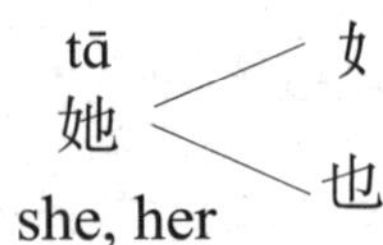

5. 宀　宝盖头（bǎogàitóu）

Characters with the radical "宀" are usually related to houses.

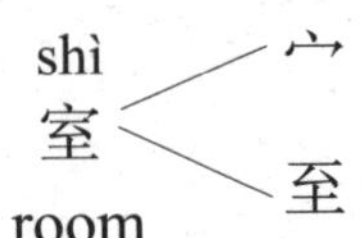

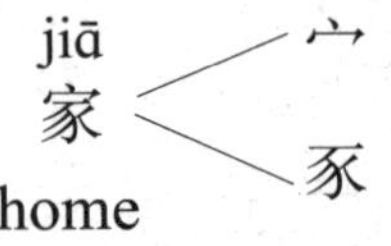

二、认写汉字（Learn and Write Chinese Characters）

① dào 到（至+刂） to arrive	一 工 云 至 至 至 到 到 到 到 到 到 到 到	迟（　　）
② shāo 烧（火+尧） to burn	丶 丷 火 火 灶 炷 烂 烧 烧 烧 烧 烧 烧 烧 烧 烧	发（　　）
③ nián 年 year	丿 ㇒ 仁 仁 仨 年 年 年 年 年 年 年	今（　　） 去（　　）
④ xīn 心 heart	丶 心 心 心 心 心 心 心 心 心	关（　　） 担（　　） 放（　　） 小（　　）
⑤ jìn 近（斤+辶） near	一 厂 斤 斤 䜣 䜣 近 近 近 近 近 近 近	最（　　） 远（　　）

⑥ tián 甜（舌+甘） sweet	丿 二 千 千 舌 舌 舌一 舌卄 甜 甜 甜 甜 甜 甜 甜 甜 甜	（　　）的
⑦ wèi 为 for	丶 丿 为 为 为 为 为 为 为 为	（　　）了 因（　　）
⑧ gèng 更 more	一 丆 冂 戸 百 更 更 更 更 更 更 更 更	（　　）多 （　　）好
⑨ shì 室（宀+至） room	丶 丷 宀 宀 宏 宏 室 室 室 室 室 室 室 室 室	办公（　　） 教（　　）
⑩ xǐ 洗（氵+先） to wash	丶 冫 氵 氵 氵 汁 洗 洗 洗 洗 洗 洗 洗 洗 洗	（　　）澡 （　　）手

走近中国 A Touch of China

全民医疗保险

看病难、看病贵是老百姓最关心的问题之一。为了解决这个问题，中国在 2007 年启动了城镇居民基本医疗保险试点工作。城镇职工基本医疗保险、城镇居民基本医疗保险和新型农村合作医疗制度共同构成中国基本医疗保障体系。2016 年，进一步将后两项合并为统一的城乡居民基本医疗保险制度。

截至 2020 年底，中国的城镇职工基本医疗保险和城乡居民基本医疗保险参保人数达 136100 万人，参保覆盖面达 95% 以上。

Medical Insurance for All

Insufficient medical resources and high medical expenses are one of the issues that people are most concerned about. In order to solve this problem, China launched a pilot program of basic medical insurance for urban residents in 2007. The basic medical insurance for urban employees, the basic medical insurance for urban residents and the new rural cooperative medical care system constitute China's basic medical security system. In 2016, the latter two items were further combined into a unified basic medical insurance system for urban and rural residents.

By the end of 2020, China had 1.361 million participants in basic medical insurance for urban employees and urban-rural residents, covering more than 95 percent of the total population.

学而时习之 Practice Makes Progress

（一）朗读下列短语和句子（Read the following phrases and sentences aloud）

1. 又：　　看了又看 / 说了又说 / 一年又一年

她昨天又去跑步了。

2. 最近：　最近几天 / 最近几个月
我最近有点儿累。

3. 为了：　为了健康 / 为了学习
我学习汉语是为了能去中国工作。

4. 更：　更快 / 更热 / 更漂亮
他比我更喜欢汉语。

5. 重要：　很重要 / 重要的事 / 重要的一天
学好汉语非常重要。

（二）句子匹配（Choose appropriate sentence）

A. 你今天上课为什么迟到呢？
B. 妈妈，我下课回来了。
C. 谢谢你照顾我，我的身体越来越好了。
D. 面包已经卖完了。
E. 你怎么了？一直在睡觉。

1. 别这么客气。（　　）
2. 我刚买了香蕉，你先吃一点吧。（　　）
3. 我今天不舒服，觉得很累。（　　）
4. 我腿疼，先去医院看病了。（　　）
5. 你明天再来买吧。（　　）

（三）选词填空（Choose correct words for the blanks）

A. 放心　B. 作用　C. 新鲜　D. 锻炼　E. 甜　F. 照顾

1. 她每天工作，回家还要（　　）孩子，真的很累。
2. 吃太多（　　）的，你会越来越胖的。
3. 请（　　），我会做好这件事情的。
4. 这个药对你的病有（　　）吗？
5. 今天我买的鸡蛋很（　　）。

6. A：你现在出去做什么？

B：我去运动场（　　）身体。

（四）连词成句（Form sentences with the words given）

1. 现在　了　我的病　好

____

2. 房间　这个　舒服　真

____

3. 这本书　重要　我　对　很

____

4. 妹妹　漂亮　我　了　越来越　最近

____

5. 了　玩　三个小时　手机　昨天　弟弟

____

（五）根据拼音写汉字（Write the Chinese characters according to the following Pinyin）

1. 做这个工作要非常（xiǎo）心。

2.（Wèi）了身体健康，我每天都去跑步。

3. 工作和健康，哪个（gèng）重要？

4. 你刚吃完饭，怎么（yòu）饿了呢？

5. 我的作业还没做完，你（xiān）睡觉吧。

第六课　我们上去吧

学习目标 Learning Objectives

1. 学习"不但……而且……"，用于连接一个复句，表达递进意义

Study "不但……而且……" which links a complex sentence. It is used to indicate a further development in meaning in the second clause from what is stated in the first one

2. 学习"来""去"等简单的趋向补语

Study "来" and "去" which are used after a verb denoting direction, as the complement of simple direction

3. 进一步学习"把"字句的用法

Further the understanding of *Ba*-sentence pattern

课文 1 Text 1

(Wáng Dàmíng hé Zhāng Hóng shì tóngshì, zài bàngōngshì li)
（王大明和张红是同事，在办公室里）

Wáng Dàmíng: Xiǎo Zhāng, jīnglǐ dǎ diànhuà zhǎo nǐ. Wǒ gàosu jīnglǐ nǐ qù xǐshǒujiān le.
王大明：小张，经理打电话找你。我告诉经理你去洗手间了。

Zhāng Hóng: Hǎode. Wǒ mǎshàng qù jīnglǐ bàngōngshì.
张红：好的。我马上去经理办公室。

(Wáng Dàmíng hé Zhāng Hóng zài liáotiān)
(王大明和张红在聊天)

Wáng Dàmíng: Shàng gè xīngqīliù, nǐ bānjiā le?
王大明：上个星期六，你搬家了？

Zhāng Hóng: Shì a, zhǎole hěn jiǔ cái zhǎodào mǎnyì de fángzi. Yǐqián lí gōngsī hěn yuǎn, xiànzài lí de jìn le, hěn fāngbiàn.
张红：是啊，找了很久才找到满意的房子。以前离公司很远，现在离得近了，很方便。

Wáng Dàmíng: Nǐ měi tiān zǒulù háishi zuò gōnggòngqìchē lái shàngbān?
王大明：你每天走路还是坐公共汽车来上班？

Zhāng Hóng: Zǒulù, wǔ fēnzhōng jiù dào gōngsī le.
张红：走路，五分钟就到公司了。

Wáng Dàmíng: Wǒ yě xiǎng bānjiā, lí gōngsī jìn diǎnr, zǎoshang bù xūyào qǐ de hěn zǎo.
王大明：我也想搬家，离公司近点儿，早上不需要起得很早。

Zhāng Hóng: Xīngqīliù nǐ kěyǐ lái wǒ jiā kànkan.
张红：星期六你可以来我家看看。

Wáng Dàmíng: Hǎode.
王大明：好的。

词汇 1 Vocabulary 1

1	同事	tóngshì	*n.*	colleague; workmate; associate
2	经理	jīnglǐ	*n.*	manager
3	马上	mǎshàng	*adv.*	immediately; at once
4	搬	bān	*v.*	to carry; to move
5	久	jiǔ	*adj.*	lasting a long time
6	才	cái	*adv.*	just; only (indicating one solution)
7	房子	fángzi	*n.*	house; apartment
8	以前	yǐqián	*n.*	before

9	方便	fāngbiàn	*adj.*	convenient
10	需要	xūyào	*v.*	need

课文 2 Text 2

(Xīngqīliù, Wáng Dàmíng zài Zhāng Hóng jiā lóu xià, gěi Zhāng Hóng dǎ diànhuà)
（星期六，王大明在张红家楼下，给张红打电话）

Wáng Dàmíng: Wèi, Zhāng Hóng, wǒ yǐjīng dào le, zài nǐ jiā lóu xià.
王大明：喂，张红，我已经到了，在你家楼下。

Zhāng Hóng: Nǐ děng yíxià, wǒ mǎshàng xiàlai.
张红：你等一下，我马上下来。

(Zhāng Hóng xiàlai le)
（张红下来了）

Wáng Dàmíng: Nǐ zhù jǐ céng?
王大明：你住几层？

Zhāng Hóng: Shí céng, zhèli yǒu diàntī, wǒmen shàngqu ba!
张红：十层，这里有电梯，我们上去吧！

Wáng Dàmíng: Wǒ juéde zhèr huánjìng hěn hǎo, búdàn hěn ānjìng, érqiě hěn gānjìng.
王大明：我觉得这儿环境很好，不但很安静，而且很干净。

Zhāng Hóng: Chúle nǐ shuō de zhèxiē, zhèr hái yǒu yí gè xiǎo gōngyuán, zǎoshang kěyǐ qù pǎobù, chīwán wǎnfàn kěyǐ qù zǒuzou.
张红：除了你说的这些，这儿还有一个小公园，早上可以去跑步，吃完晚饭可以去走走。

Wáng Dàmíng: Mǎi dōngxi fāngbiàn ma?
王大明：买东西方便吗？

Zhāng Hóng: Fùjìn yǒu yí gè hěn dà de chāoshì, wǎng yòu zǒu jiùshì.
张红：附近有一个很大的超市，往右走就是。

Wáng Dàmíng: Tài hǎo le. Zhè shì wǒ gěi nǐ mǎi de huā, wǒ bǎ tā fàng zài zhuōzi shang.
王大明：太好了。这是我给你买的花，我把它放在桌子上。

Zhāng Hóng: Xièxie nǐ . Zhōngwǔ zài wǒ jiā chīwán fàn zài zǒu ba.
张　红：谢谢你。中午在我家吃完饭再走吧。

词汇 2 Vocabulary 2

1	层	céng	*m.*	layer; floor
2	环境	huánjìng	*n.*	environment
3	不但…… 而且……	búdàn…… érqiě……	*conj.*	not only ... but also ...
4	安静	ānjìng	*adj.*	noiseless; quiet; tranquil
5	公园	gōngyuán	*n.*	park 公: public 园: land used for growing plants
6	附近	fùjìn	*n.*	nearby; neighbor; vicinity
7	超市	chāoshì	*n.*	supermarket 超: super-; ultra-　市: market
8	花	huā	*n.*	flower
9	放	fàng	*v.*	to put; to place

注　释 Notes

一、"小""大""老"+姓（"*Xiao*""*Da*""*Lao*" + Surname）

在汉语口语中，常常根据一个人的年龄，在其姓氏前加上"小""大""老"这样的前缀，在称呼时表达一种亲切或尊敬。例如：

In spoken Chinese, the prefix "小", "大" or "老" is often added to a person's surname according to his or her age to express an affection or respect in addressing. For example,

小张、小王、大张、大刘、老张、老王

二、不但……而且……（Not Only ... But Also ...）

"不但……而且……"连接两个分句，构成一种递进关系。前后两个句子主语相同时，“不但”应在主语之后。前后两个句子主语不同时，“不但”应在第一个句子的主语之前。例如：

The conjunctions “不但……而且……” connect two clauses, forming a complex sentence indicating a further development in meaning. If the two clauses share one subject, “不但” should be put after the subject. If the two clauses have different subjects, “不但” should be put before the subject of the first clause. For example,

1. 这儿不但很安静，而且很干净。
2. 她不但喜欢唱歌，而且唱得很好。
3. 不但她会说汉语，而且她妹妹也会说汉语。

三、“就”和“才”(“就” and “才”)

作为副词使用时，“就”和“才”都可以放在动词的前边充当状语。例如：

When used as an adverb, both “就” and “才” can be put before a verb to act as an adverbial modifier. For example,

就	才
“就”表示不久即将发生。 “就” means something is about to happen. 1. 你等一下，他就来。 2. 现在七点，我们马上就出发。	“才”表示事情不久前刚刚发生。 “才” means something has just happened. 1. 我才下课。 2. 她才来公司半年，就已经做得不错了。
“就”还表示事情发生得早、快、容易做或进行得顺利等。 “就” is also used to indicate the earliness, quickness and easiness of an action，or that something is going on smoothly. 1. 他来中国以前就学过汉语了。 2. 还有 10 分钟就到了。 3. 我们早就下课了。	“才”表示事情发生得晚、慢、不容易做或是进行得不顺利。 “才” is also used to indicate the lateness, slowness or difficulty involved in an action, or that something is not going on smoothly. 1. 他今天 12 点才起床。 2. 早上 8 点上课，她 9 点才来。 3. 他 5 岁了才学会用筷子吃饭。 4. 你怎么现在才回来？

语 法 Grammar

一、简单趋向补语（The Simple Complement of Direction）

趋向补语是指在动词后边补充的说明动作趋向的动词或动词短语。简单趋向补语是指在动词后边补充的动词“来”和“去”。“来”表示朝向说话人的方向，而“去”表示背离说话人的方向。例如：

Complement of direction is a verb or verb phrase that is added after a verb to indicate the direction of the action. The simple complement of direction refers to “来” and “去”, which are added after a verb to indicate the direction towards and away from the speaker respectively. For example,

出来　上去　过来　搬去　拿来

1. 妈妈，我们回来了。
2. 你看，她下来了。
3. 喂，你起来了吗？
4. 上课了，我们进去吧！

二、“把”字句的其他形式（Other Patterns of *Ba*-sentence）

“A + 把 + B + 动词 + 在 / 到 / 给 / 成 + 宾语 +（了）”的形式常用于表示A通过某一动作而使得B发生位置上、性质上或所属关系上的变化。例如：

The pattern of “A + *Ba* + B + Verb + *Zai*/*Dao*/*Gei*/*Cheng* + Object + (*Le*)” is often used to indicate a change in position, property or possession of B by an action of A. For example,

1. 我把书放在书包里了。
2. 老师把办公桌搬到教室里了。
3. 哥哥把汉语书送给玛丽了。
4. 麦克把“我”写成“找”了。

还可以用“A + 把 + B + 动词 + 结果补语 / 趋向补语”的形式表示A通过某一动作而使得B发生位置上或性质上的变化。例如：

In addition, the pattern of "A + *Ba* + B + Verb + Complement of Result/Direction" can also be used to indicate that A makes B change in position or property through a certain action. For example,

1 吃饭前请把手洗干净。

2 小李把那杯可乐喝完了。

3 同学们都把笔记本拿出来了。

4 下课后我就把这本书还回去。

汉字 Chinese Characters

一、偏旁学习（Radicals）

1. 阝 双耳旁（shuāng'ěrpáng）

Characters containing "阝" on the right are usually related to towns or names of places, and those on the left are usually related to mountains or shapes of mountains.

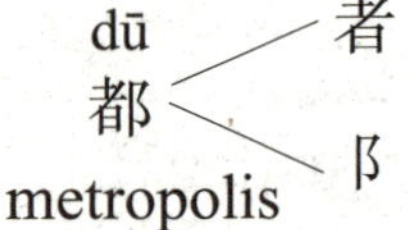

2. 攵 反文旁（fǎnwénpáng）

Characters with the radical "攵" are often related to doing things by holding hands.

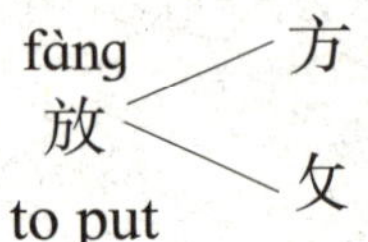

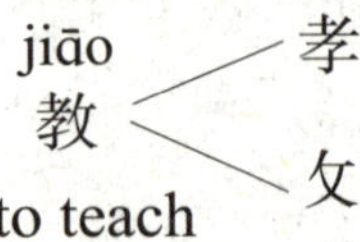

3. 王 王字旁（wángzìpáng）

Characters containing "王" are mostly related to jade.

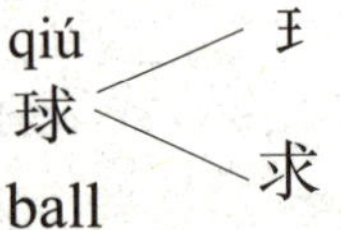

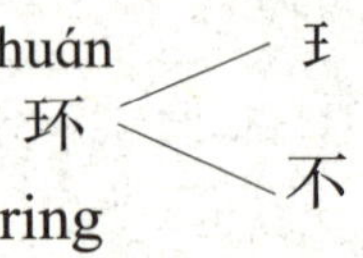

4. 八　八字头（bāzìtóu）

Characters with the radical “八” indicate separation.

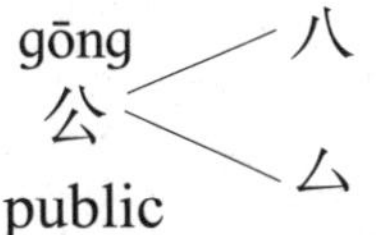

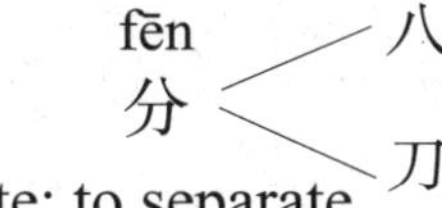

5. 覀　西字头（xīzìtóu）

In modern Chinese, it carries no meaning as a radical.

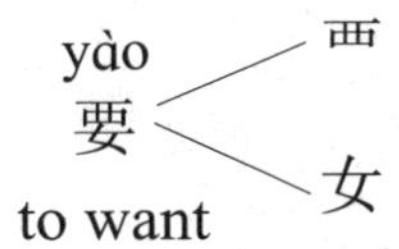

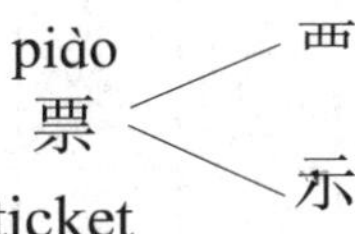

二、认写汉字（Learn and Write Chinese Characters）

① tóng

同

same

丨 冂 冂 冋 同 同

（　　）学

（　　）事

② huán

环（王 + 不）

ring; hoop

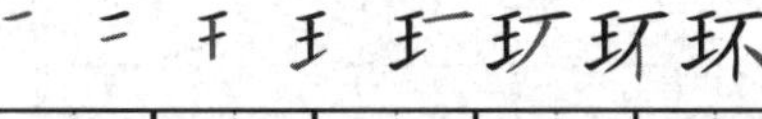

（　　）境

③ mǎ

马

horse

㇇ 马 马

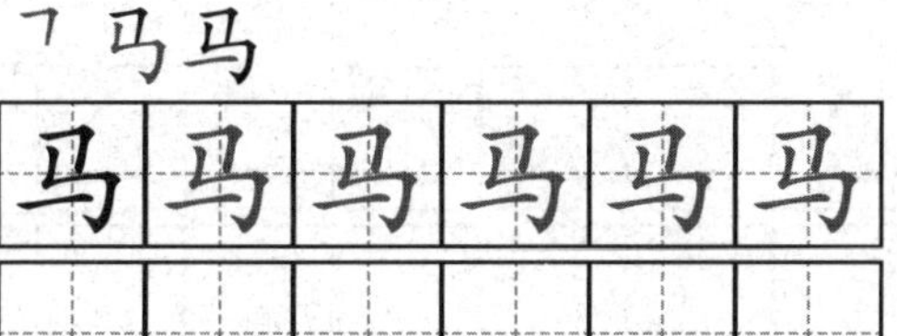

（　　）上

④ jiǔ 久 long time	丿 ㇋ 久 久 久 久 久 久 久	好（　　）不见
⑤ fāng 方 square	丶 亠 亡 方 方 方 方 方 方 方	（　　）便
⑥ yào 要 (覀+女) to want	一 ㄏ 冂 襾 覀 覀 要 要 要 要 要 要 要 要 要	需（　　）
⑦ dàn 但 (亻+旦) but	丿 亻 亻 們 但 但 但 但 但 但 但 但 但	不（　　） （　　）是
⑧ gōng 公 (八+厶) public	丿 八 公 公 公 公 公 公 公 公	（　　）园 （　　）司 （　　）共汽车

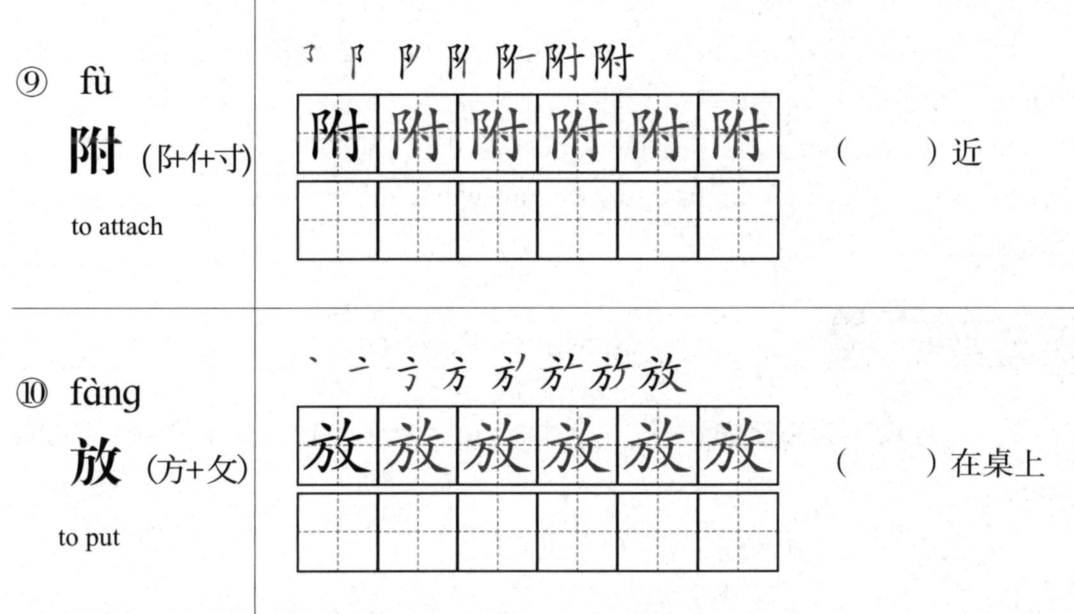

走近中国 A Touch of China

生活小区

随着中国的经济发展，越来越多的人涌入城市。以前人们住在平房、四合院里，在现在的城市中，大部分人都住在小区里。久而久之，人们相互影响，形成了独特的“社区文化”。许多大型住宅小区里还有购物中心、中小学校和其他生活服务配套设施。

一般来说，一个大型小区的人数在一两万人左右，但超大型小区也不少。比如北京的天通苑小区，人口达到了60万，相当于一个乡镇。每到上下班的时候，地铁站里总是人山人海。

Urban Residential Communities

With China's economic development, more and more people are pouring into cities. In the past, people lived in bungalows and courtyards. In today's cities, most people live in communities. In the long run, people influence each other to form a unique "community culture". Many large residential communities also have shopping malls, primary and secondary schools and other supporting facilities for life services.

Generally speaking, there are about 10000 or 20000 people in a large community, but there are also many super large communities. For example, Tiantongyuan District in Beijing has a population of 600000, which is equivalent to a township. When commuting to or from work, the subway station is always crowded.

学而时习之 Practice Makes Progress

（一）朗读下列短语和句子（Read the following phrases and sentences aloud）

1. 附近：　办公室附近 / 公园附近
　　你家附近有超市吗？

2. 久：　不太久 / 很久
　　好久不见！
　　你们写了多久？

3. 马上：　马上来 / 马上去 / 马上写
　　我们马上就要考试了。

4. 环境：　环境好 / 环境差 / 环境安静
　　你们学校的环境怎么样？

5. 需要：　需要钱 / 需要时间
　　你现在需要什么？

（二）句子匹配（Choose appropriate sentence）

A. 这儿的环境不但很安静，而且很干净。

B. 买东西方便吗？

C. 我给你买的花儿放在哪儿？

D. 找了很久才找到满意的房子。

E. 你喜欢喝牛奶吗？

1. 把它放在门口的桌子上吧。　　（　　）

2. 你觉得这儿怎么样？ (   )
3. 除了牛奶，我还喜欢喝啤酒。 (   )
4. 附近有很多小超市。 (   )
5. 房子找得怎么样了？ (   )

（三）选词填空（Choose correct words for the blanks）

A. 才　B. 上去　C. 除了　D. 马上　E. 把　F. 安静

1. 请等我一会儿，我（   ）就到。
2. 这里是图书馆，请大家（   ）。
3. 我（   ）你的书放在教室的桌子上了。
4. A：这个房子环境很好，也不贵。
   B：是啊，我找了很久（   ）找到满意的房子。
5. 我们（   ）吧，别迟到了。
6.（   ）看中文书，我还喜欢画中国画。

（四）连词成句（Form sentences with the words given）

1. 起　他　太早　了　得

____

2. 才　晚饭　我们　做　好

____

3. 我们的　爸爸　需要　钱　不

____

4. 手机　他　放　在椅子上　把　了

____

5. 告诉　老师　要　明天　我们　考试

____

（五）根据拼音写汉字（Write the Chinese characters according to the following Pinyin）

gōng
1. 我马上去经理办（ ）室。

cái
2. 我写了很久（ ）写完。

ān
3. 教室里没什么人，所以很（ ）静。

tóng
4. 小王是我的（ ）事。

tiān
5. 我和玛丽经常一起聊（ ）。

第七课　大卫被张老师叫走了

学习目标 Learning Objectives

1. 学会使用和区别“有点儿”和“一点儿”

Learn to use and differentiate “有点儿” and “一点儿”

2. 掌握“被”字句结构

Understand S (receiver) + 被 + O (agent) +Verb + other elements

课文 1 Text 1

(Zài xuéxiào li)
（在 学 校 里）

Dàwèi: Wáng lǎoshī, nín hǎo!
大卫： 王 老师，您 好！

Wáng lǎoshī: Nǐ hǎo, Dàwèi. Nǐ qù nǎr ?
王 老师：你 好，大 卫。你 去 哪儿？

Dàwèi: Qù túshūguǎn.
大卫：去 图 书 馆。

Wáng lǎoshī: Nǐ yìbān dōu zài túshūguǎn kàn shū ma?
王 老师：你 一般 都 在 图 书 馆 看 书 吗？

Dàwèi: Bú shì, wǒ yìbān zài sùshè kàn shū. Wǒ qù túshūguǎn huán shū, hái yào zài jiè yì běn cídiǎn.
大卫：不 是，我 一般 在 宿舍 看 书。我 去 图 书 馆 还 书，还 要 再 借 一 本 词 典。

Wáng lǎoshī: Kǎoshì kǎo de zěnmeyàng?
王　老师：考试考得怎么样？

Dàwèi: Shùxué kǎo de hái kěyǐ, Zhōngwén chéngjì yǒudiǎnr chà, wǒ bú tài mǎnyì.
大卫：数学考得还可以，中文成绩有点儿差，我不太满意。

Wáng lǎoshī: Bié nánguò! Nǐ yìzhí hěn nǔlì, yào xiāngxìn zìjǐ.
王　老师：别难过！你一直很努力，要相信自己。

Dàwèi: Xièxie lǎoshī!
大卫：谢谢老师！

词汇 1　Vocabulary 1

1	一般	yìbān	*adv.*	usually; generally; ordinarily
2	还	huán	*v.*	to return sth. to the owner
3	借	jiè	*v.*	to borrow; to lend
4	词典	cídiǎn	*n.*	dictionary
5	数学	shùxué	*n.*	mathematics 数：number; figure　学：science
6	差	chà	*adj.*	bad; poor
7	难过	nánguò	*adj.*	to have a hard time; to feel sad
8	努力	nǔlì	*adj.*	hard-working; diligent
9	相信	xiāngxìn	*v.*	to believe in; to be convinced of; to have faith in

课文 2　Text 2

(Wáng lǎoshī dǎ diànhuà zhǎo Dàwèi)
（王　老师打电话找大卫）

Zhāng Dōng: Wèi! Nín hǎo!
张　东：喂！您好！

Wáng lǎoshī: Wèi! Shì Dàwèi ma? Wǒ shì Wáng lǎoshī.
王　老师：喂！是大卫吗？我是王　老师。

Zhāng Dōng: Dàwèi bèi Zhāng lǎoshī jiào zǒu le. Tā bǎ shǒujī fàng zài sùshè
张　东：大卫被张老师叫走了。他把手机放在宿舍

le, wǒ shì Zhāng Dōng. Nín yǒu shénme shìqing ma?
了，我是张东。您有什么事情吗？

Wáng lǎoshī: Jīntiān zǎoshang xiàozhǎng gěi měi gè niánjí de lǎoshī dōu fāle
王老师：今天早上校长给每个年级的老师都发了

diànzǐyóujiàn, yāoqiú měi gè bān dōu yào cānjiā xià gè yuè de lánqiú bǐsài. Qǐng
电子邮件，要求每个班都要参加下个月的篮球比赛。请

nǐ gàosu Dàwèi zhè jiàn shìqing. Yě huānyíng nǐ cānjiā zhè cì bǐsài.
你告诉大卫这件事情。也欢迎你参加这次比赛。

Zhāng Dōng: Hǎode, lǎoshī. Wǒ hěn xiǎng cānjiā, dàn wǒ lánqiú dǎ de bú
张　东：好的，老师。我很想参加，但我篮球打得不

tài hǎo.
太好。

Wáng lǎoshī: Méi guānxi! Rúguǒ nǐ bù néng cānjiā, kěyǐ zhǎo biérén.
王老师：没关系！如果你不能参加，可以找别人。

Zhāng Dōng: Hǎode! Wǒ huì hé Dàwèi yìqǐ zhǎo shí'èr gè tóngxué cānjiā
张　东：好的！我会和大卫一起找十二个同学参加

bǐsài. Nín fàngxīn ba!
比赛。您放心吧！

Wáng lǎoshī: Hǎode, zàijiàn!
王老师：好的，再见！

Zhāng Dōng: Zàijiàn!
张　东：再见！

词汇 2　Vocabulary 2

1	被	bèi	*prep.*	grammatical marker for the passive voice
2	校长	xiàozhǎng	*n.*	(of a secondary or elementary school) principal; headmaster; (of a university or college) president; chancellor
3	年级	niánjí	*n.*	grade (in the primary or middle school); year (in college or university)
4	发	fā	*v.*	to send; to dispatch

5	电子邮件	diànzǐyóujiàn	*n.*	email 电子: electronic　邮件: mail
6	要求	yāoqiú	*v.*	to ask; to request; to demand
			n.	request; demand; need
7	班	bān	*n.*	class
8	参加	cānjiā	*v.*	to join; to participate; to attend
9	比赛	bǐsài	*n.*	competition
			v.	to compete
10	如果	rúguǒ	*conj.*	if; in case; in the event of; supposing that

课文 3 Text 3

(Zài jiā li)
(在家里)

Zhāng Dōng: Gē, xīngqīliù wǒmen xuéxiào yǒu lánqiú bǐsài, wǒ de péngyou Dàwèi yě cānjiā, nǐ qù kàn ma?
张东：哥，星期六我们学校有篮球比赛，我的朋友大卫也参加，你去看吗？

Gēge: Hǎo a! Nǐmen xuéxiào yǒu duōshao xuésheng?
哥哥：好啊！你们学校有多少学生？

Zhāng Dōng: Yíwàn rén.
张东：一万人。

Gēge: Liúxuésheng ne?
哥哥：留学生呢？

Zhāng Dōng: Liǎngqiān rén.
张东：两千人。

Gēge: Dàwèi de Zhōngwén zěnmeyàng le?
哥哥：大卫的中文怎么样了？

Zhāng Dōng: Qùnián bú tài hǎo, jīngguò nǔlì, tā xiànzài yǐjīng xué de hěn hǎo le. Dànshì tā duì zìjǐ de chéngjì hái bú tài mǎnyì, suǒyǐ zǒngshì názhe
张东：去年不太好，经过努力，他现在已经学得很好了。但是他对自己的成绩还不太满意，所以总是拿着

Zhōngwén shū, jīngcháng yìbiān chīfàn yìbiān kàn shū.
中 文 书，经 常 一边 吃饭 一边 看 书。

Gēge: Zhēn nǔlì ɑ!
哥哥： 真 努力 啊！

词汇 3 Vocabulary 3

1	万	wàn	*num.*	ten thousand
2	留学生 *	liúxuéshēng	*n.*	foreign student 留学：to study abroad 生：student
3	经过	jīngguò	*prep.*	through; under

注 释 Notes

有点儿（A Bit; Somewhat）

"有点儿"表示程度不深，用于形容词前边时常常有不满和否定的意味。"有点儿"和"一点儿"都表示程度不深的意思，但"有点儿"是副词，在句中作状语，而"一点儿"是数量词，一般放在形容词的后边，用于比较、期望或请求。例如：

"有点儿" means "a little/a bit" and is often used before adjectives expressing an unpleasant or undesirable meaning. Both "有点儿" and "一点儿" mean "a little/ a bit", but "有点儿" is an adverb and is used as adverbial modifier in a sentence, while "一点儿" is a quantity word, usually placed after an adjective in comparing, anticipating or requesting. For example,

有点儿难　　有点儿贵　　有点儿晚　　有点儿不高兴

1. 这件衣服有点儿贵，别买了。
2. 他考了 80 分，有点儿不高兴。
3. 写了这么多作业，我有点儿累了。
4. 三斤苹果有点儿多，我买两斤吧。

"有点儿"和"一点儿"的用法如下表：

The usages of “有点儿” and “一点儿” are as follows.

有点儿 + 形容词 / 心理动词	形容词 + 一点儿
有点儿喜欢	好一点儿
有点儿快	快一点儿
他说得有点儿慢	你慢一点儿跑
今天有点儿热	你早一点儿过来

语 法 Grammar

“被”字句（*Bei*–sentence）

使用介词“被”引出动作的发出者，而主语是动作的接受者，这样的句子叫作“被”字句。“被”字句用于说明某人或某事物受到某动作的影响而产生某种结果。例如：

A sentence whose subject is the patient of an action while using the preposition “被” to introduce the agent of the action, is called “*Bei*-sentence”. “*Bei*-sentence” is used to show that someone or something is affected by an action that produces a certain result. For example,

主语（Subject）(receiver)	谓语（Predicate）			
	被(*Bei*)	宾语（Object）(agent)	动词（Verb）	其他成分（other elements）
大卫	被	王老师	叫	走了。
那本书	被	玛丽	借	走了。
我的衣服	被	妈妈	洗	干净了。
水	被	哥哥	喝	完了。

介词“被”的宾语，也就是动作的发出者，有时可以省略。“被”字句的谓语动词后边一定要有其他成分，用于说明动作的结果或影响。在口语里，也常用介词“叫”“让”“给”代替“被”，但“叫”和“让”的后边一定要有宾语。否定副词和能愿动词要放在“被”的前边。例如：

The object of “被”, which is the agent of the action,can be omitted sometimes. The verb predicate of “*Bei*-sentence” must be followed by some other element to indicate the result or influence of the action. In spoken language,in stead of "被", the prepositions such as "叫", "让" and "给" are often used, however "叫" and "让"must be followed by an object. Negative adverbs and modal verbs should be put before "被". For example,

1. 桌子上的钱被拿走了。
2. 红苹果叫弟弟吃完了。
3. 她的帽子让风刮跑了。
4. 那本词典没被放进书包。
5. 怎么毛笔还没给买回来?
6. 这些面包明天会被司机送去学校。

汉 字 Chinese Characters

一、偏旁学习(Radicals)

1. 耂　老字头(lǎozìtóu)

Characters containing " 耂 " are usually related to old people or old age.

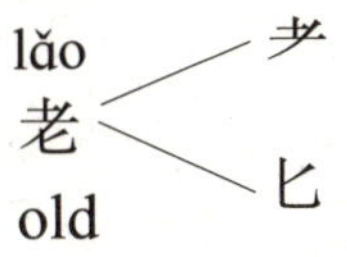

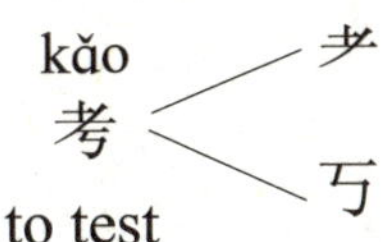

2. ⺍　学字头(xuézìtóu)

It is only used as a radical.

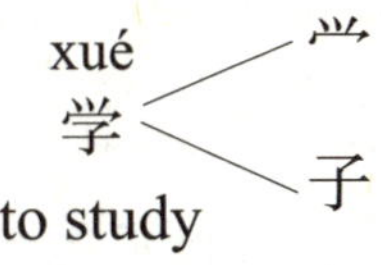

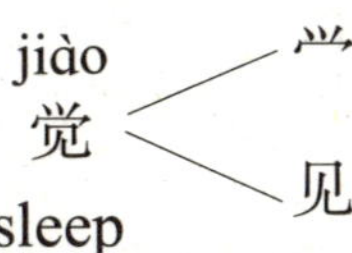

3. 日　日字头(rìzìtóu)

Characters with the radical "日" are usually related to the sun or the date.

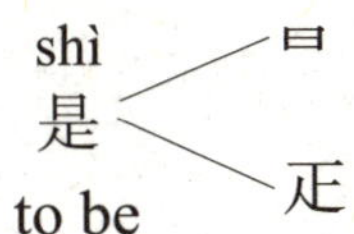

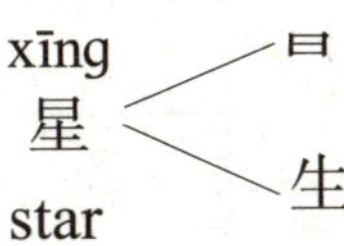

4. 冖 秃宝盖 (tūbǎogài)

It is only used as a radical.

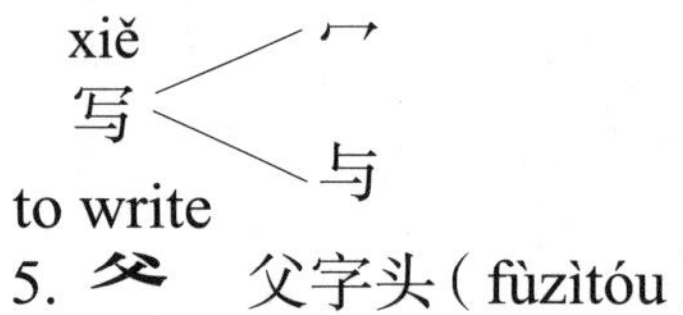

5. 父 父字头 (fùzìtóu)

Characters with the radical "父" are mostly related to fathers or males of older generations.

二、认写汉字 (Learn and Write Chinese Characters)

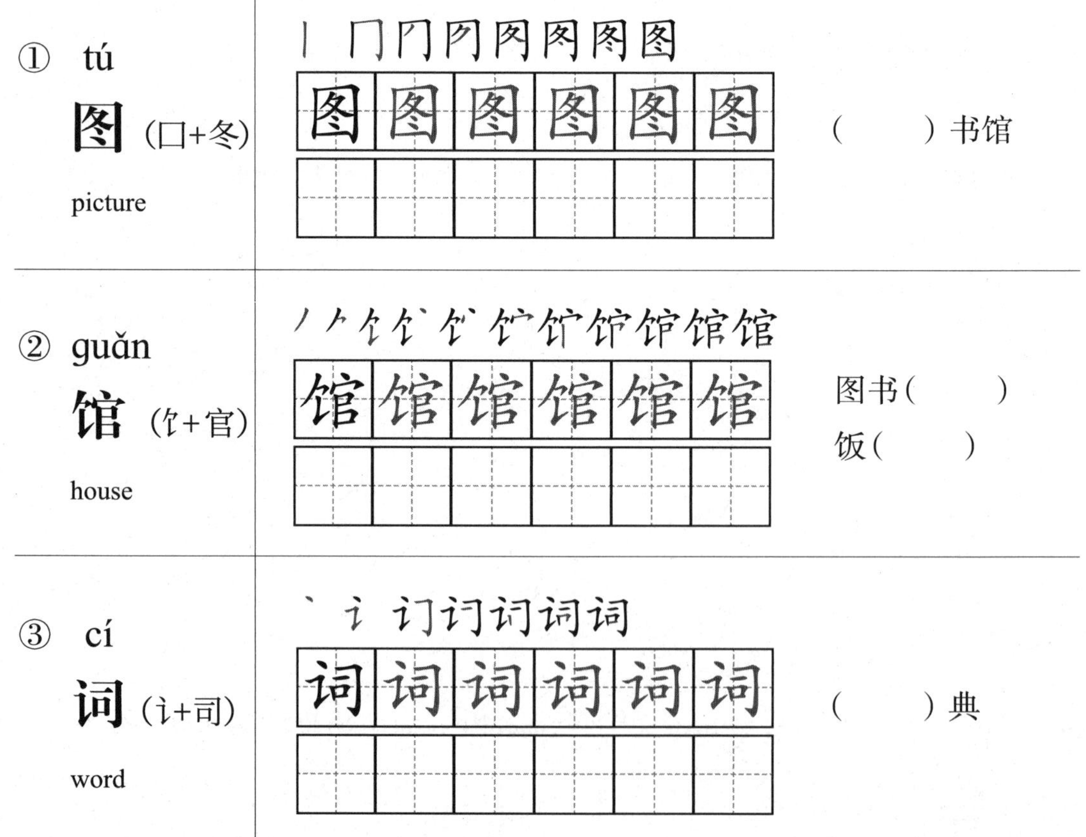

① tú 图 (口+冬) picture	丨 冂 冂 冈 图 图 图 图 图 图 图 图 图 图	( ) 书馆
② guǎn 馆 (饣+官) house	ノ ㄣ 饣 饣 饣 饣 饣 饣 饣 馆 馆 馆 馆 馆 馆 馆 馆	图书 ( ) 饭 ( )
③ cí 词 (讠+司) word	丶 讠 订 订 订 词 词 词 词 词 词 词 词	( ) 典

④ xiāng **相** (木+目) each other	一 十 才 木 村 机 相 相 相 相 相 相 相 相 相	(　　)信
⑤ xìn **信** (亻+言) to believe	丿 亻 亻 仁 仁 信 信 信 信 信 信 信 信 信 信	相(　　)
⑥ xiào **校** (木+交) school	一 十 才 木 木 杧 杧 桥 校 校 校 校 校 校 校 校	学(　　) (　　)长
⑦ jiàn **件** (亻+牛) piece	丿 亻 亻 仁 件 件 件 件 件 件 件 件	邮(　　)
⑧ qiú **求** to request	一 十 才 才 求 求 求 求 求 求 求 求 求	要(　　)

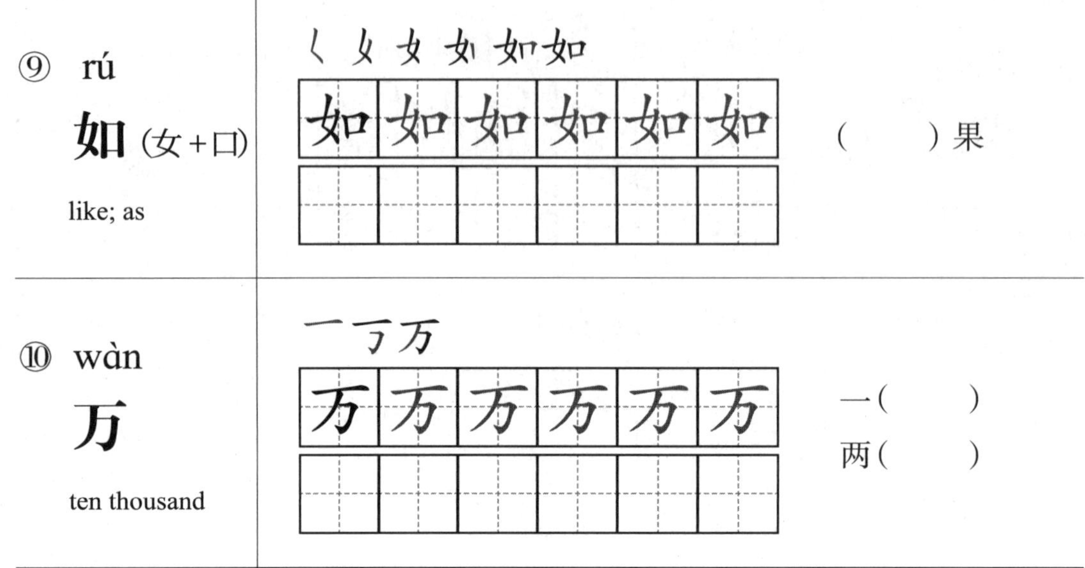

走近中国 A Touch of China

大学校园生活

中国的高考在每年六月举行。九月的时候，许多学生就开始了他们的大学生活。有的学生可能是第一次离开父母和家乡，去另一个城市上大学。

在中国，一般到了大学，家长才会允许孩子谈恋爱。大一、大二的时候，大家都忙着学习，参加社团、社会活动等。到了大三、大四，学生们会积极地去找实习和写论文，做好毕业的准备。现在大学毕业生的就业压力很大，越来越多的人选择考研或者出国留学。

College Life in China

China's college entrance examination is held in each June. In September, many students start their college life. Some students may leave their parents and hometowns for the first time to go to college in another city.

In China, parents usually allow their children to fall in love until they go to college. During the freshman and sophomore years, everyone will be busy studying and participating in university clubs and social activities. By the third and fourth year, students will actively seek internships and write papers to prepare for graduation. Nowadays, college graduates are under great employment pressure, and more and more people will choose to go to graduate schools or study abroad.

学而时习之　Practice Makes Progress

（一）朗读下列短语和句子（Read the following phrases and sentences aloud）

1. 参加：　参加比赛 / 参加体育锻炼
　　我星期六要参加 HSK 考试。
2. 经常：　经常运动 / 经常跑步 / 经常去图书馆
　　他经常参加中文比赛。
3. 发：　发钱 / 发作业 / 发护照
　　王老师给我发了电子邮件。
4. 经过：　经过复习 / 经过介绍
　　经过努力，他的成绩提高得很快。
5. 拿：　拿笔 / 拿杯子 / 拿筷子
　　他拿着报纸，一边走一边看。

（二）句子匹配（Choose appropriate sentence）

A. 我一般不在那儿看书。
B. 大卫，一月有 HSK 考试。
C. 被谁拿走了？
D. 张东告诉我他篮球打得不太好。
E. 不要一边写一边听音乐。

1. 王老师要求大家都参加。　（　　）
2. 做作业就要认真。　（　　）
3. 图书馆人太多了！　（　　）
4. 所以不参加明天的比赛。　（　　）
5. 我的词典怎么找不到了？　（　　）

（三）选词填空（Choose correct words for the blanks）

A. 一般　　B. 如果　　C. 经过　　D. 差　　E. 要求

1.（　　）想提高中文成绩，就要努力学习。

2. 他的成绩不（　　），但他还是不满意。

3. A：明天有中文考试吗？

　B：没有。（　　）星期三考试，明天星期一。

4. 明天的汉字比赛有什么（　　）？

5.（　　）一个星期的复习，他考了 90 分。

（四）连词成句（Form sentences with the words given）

1. 被　　词典　　王红　　了　　拿走

____

2. 怎么样　　成绩　　你　　的　　中文

____

3. 吃　　米饭　　完　　他　　被　　了

____

4. 留学生　　吗　　你们学校　　有　　中国

____

5. 借　　中文书　　去　　一本　　图书馆　　我　　要

____

（五）根据拼音写汉字（Write the Chinese characters according to the following Pinyin）

1. 你什么时候去图书馆（huán）书。

2. 我们的校（zhǎng）很年轻。

3. 明天有篮球（bǐ）赛。

4. 我们学校有两（wàn）个学生。

5. 经过努（lì），他已经学得很好了。

第八课　哈尔滨的四季

学习目标 Learning Objectives

1. 掌握"多么"引导的感叹句

Learn to make exclamatory sentences with"多么"

2. 学会助词"地"的用法

Understand the usage of"地" as the marker of adverbial

课文 1 Text 1

Hā'ěrbīn shì Zhōngguó běifāng de yí gè dà chéngshì. Tā yì nián yǒu sì gè
哈尔滨是中国北方的一个大城市。它一年有四个

jìjié: chūnjì, xiàjì, qiūjì hé dōngjì. Měi nián de sān yuè dào wǔ yuè shì chūnjì,
季节：春季、夏季、秋季和冬季。每年的三月到五月是春季，

liù yuè dào bā yuè shì xiàjì, jiǔ yuè dào shíyī yuè shì qiūjì, shí'èr yuè dào
六月到八月是夏季，九月到十一月是秋季，十二月到

dì'èr nián de èr yuè shì dōngjì.
第二年的二月是冬季。

Hā'ěrbīn de chūntiān jīngcháng guāfēng, hěn shǎo xià yǔ. chūntiān tiānqì
哈尔滨的春天经常刮风，很少下雨。春天天气

biànhuà hěn dà, zhōngwǔ bǐjiào rè, zǎoshang hé wǎnshang hěn lěng, hěn róngyì
变化很大，中午比较热，早上和晚上很冷，很容易

gǎnmào.
感冒。

Hā'ěrbīn chàbuduō zài Zhōngguó de zuì běifāng, xiàtiān bú tài rè, suǒyǐ hěn
哈尔滨差不多在中国的最北方，夏天不太热，所以很

duō nánfāng rén xiàtiān qù Hā'ěrbīn lǚyóu.
多南方人夏天去哈尔滨旅游。

Hā'ěrbīn de qiūtiān tiānqì hěn hǎo, bù lěng yě bú rè, ràng rén juéde hěn shūfu.
哈尔滨的秋天天气很好，不冷也不热，让人觉得很舒服。

Hā'ěrbīn dōngtiān de tiānqì hěn lěng, jīngcháng xià xuě. Xià xuě de shíhou,
哈尔滨冬天的天气很冷，经常下雪。下雪的时候，

rénmen kěyǐ duī xuěrén, zài xuě dì li zhàoxiàng. Duōme yǒu yìsi a!
人们可以堆雪人，在雪地里照相。多么有意思啊！

Hā'ěrbīn de sì gè jìjié biànhuà hěn dà, měi gè jìjié dōu bù yíyàng. Nǐmen
哈尔滨的四个季节变化很大，每个季节都不一样。你们

guójiā ne?
国家呢？

词汇 1 Vocabulary 1

1	哈尔滨 *	Hā'ěrbīn	*n.*	Harbin
2	北方	běifāng	*n.*	north
3	城市	chéngshì	*n.*	city
4	季节	jìjié	*n.*	season
5	春	chūn	*n.*	spring
6	夏	xià	*n.*	summer
7	秋	qiū	*n.*	autumn; fall
8	冬	dōng	*n.*	winter
9	刮风	guāfēng	*v.*	to blow wind
10	变化	biànhuà	*n.*	change; variation
			v.	to change; to vary
11	容易	róngyì	*adj.*	easy
12	感冒	gǎnmào	*v.*	to have/ catch a cold
13	差不多	chàbuduō	*adv.*	almost, nearly(HSK4 Word)

14	南方	nánfāng	*n.*	south
15	堆 *	duī	*v.*	to pile up; to heap up
16	多么	duōme	*adv.*	so; how (wonderful, etc.)
17	国家	guójiā	*n.*	country

课文 2 Text 2

Gāo lǎoshī: Mǎlì, nǐ zuì xǐhuan Běijīng de nǎge jìjié?
高老师：玛丽，你最喜欢北京的哪个季节？

Mǎlì: Wǒ zuì xǐhuan Běijīng de qiūtiān. Yīnwei qiūtiān tiānqì bù lěng yě bú rè, tèbié shūfu.
玛丽：我最喜欢北京的秋天。因为秋天天气不冷也不热，特别舒服。

Gāo lǎoshī: Tōngcái, nǐ ne?
高老师：通才，你呢？

Tōngcái: Wǒ zuì xǐhuan dōngtiān. Wǒ shì Tàiguó rén, Tàiguó de tiānqì hěn rè, bú huì xià xuě. Běijīng de dōngtiān yǒu shíhou huì xià xuě, kěyǐ kàn xuě, suǒyǐ wǒ zuì xǐhuan Běijīng de dōngtiān.
通才：我最喜欢冬天。我是泰国人，泰国的天气很热，不会下雪。北京的冬天有时候会下雪，可以看雪，所以我最喜欢北京的冬天。

Gāo lǎoshī: Shāntián, nǐ ne?
高老师：山田，你呢？

Shāntián: Wǒ zuì xǐhuan Běijīng de xiàtiān. Xiàtiān dào le, jīhū měi gè dìfang dōu shì lǜsè de. Běijīng de xiàtiān hěn rè, rénmen xǐhuan bǎ píjiǔ hé xīguā fàng zài bīngxiāng li, huí jiā yǐhòu kěyǐ hē liángliáng de píjiǔ, chī tiántián de xīguā. Zhōumò de shíhou hái kěyǐ gēn péngyoumen yìqǐ qù yóuyǒng. Lǎoshī, nín zuì xǐhuan nǎge jìjié?
山田：我最喜欢北京的夏天。夏天到了，几乎每个地方都是绿色的。北京的夏天很热，人们喜欢把啤酒和西瓜放在冰箱里，回家以后可以喝凉凉的啤酒、吃甜甜的西瓜。周末的时候还可以跟朋友们一起去游泳。老师，您最喜欢哪个季节？

Gāo lǎoshī: Wǒ zuì xǐhuan Běijīng de chūntiān. Yīnwei wǒ juéde Běijīng de
高老师：我最喜欢北京的春天。因为我觉得北京的

dōngtiān tài cháng, tiānqì tài lěng. Chūntiān lái de shíhou, cǎo lǜ le, shù yě màn-
冬天太长，天气太冷。春天来的时候，草绿了，树也慢

man de lǜ le, hái yǒu hěn duō bùtóng yánsè de huā, tèbié piàoliang. Tiānqì hǎo
慢地绿了，还有很多不同颜色的花，特别漂亮。天气好

de shíhou, wǒ xǐhuan dàizhe wǒ de qīzi hé érzi qù gōngyuán kàn huā, yìqǐ
的时候，我喜欢带着我的妻子和儿子去公园看花，一起

zhàoxiàng. Yìjiārén dōu hěn gāoxìng.
照相。一家人都很高兴。

词汇 2 Vocabulary 2

1	泰国 *	Tàiguó	*n.*	Thailand
2	几乎	jīhū	*adv.*	nearly; almost
3	地方	dìfang	*n.*	place
4	绿	lǜ	*adj.*	green
5	啤酒	píjiǔ	*n.*	beer
6	冰箱	bīngxiāng	*n.*	refrigerator 冰：ice　箱：box; trunk
7	凉	liáng	*adj.*	cool; cold
8	周末	zhōumò	*n.*	weekend
9	草	cǎo	*n.*	grass
10	树	shù	*n.*	tree
11	地	de	*part.*	marker of adverbial
12	带	dài	*v.*	to carry; to take; to bring; to bear

注释 Notes

一、多么 [How (wonderful, etc.)]

“多么”常用于感叹句中，表示程度高，表达赞美、喜爱、惊叹等情感。

"多么"一般放在形容词或心理动词的前边。例如：

"多么" is often used in exclamatory sentences to indicate a high degree and to express emotions such as praise, fondness,surprise, etc.Usually "多么" is placed before an adjective or a mental verb. For example,

1. 人们多么高兴啊！
2. 孩子们玩得多么快乐啊！
3. 夏天多么热啊！
4. 大卫多么希望下雪啊！

二、地（Mark of Adverbial）

"地"一般用在状语的后边，谓语动词的前边。"地"前边的词语用于说明动作、行为的方式、状态、程度等。例如：

"地" usually occurs after an adverbial modifier and before the predicate verb. The words before "地" are used to describe the manner, state or degree of the action or behavior of the predicate verb. For example,

1. 雪静静地下着。
2. 她小声地说话。
3. 孩子们安静地坐在教室里。
4. 草绿了，树也慢慢地变绿了。

"的""地""得"都是结构助词，而且这三个词的读音完全一样，都是轻声"de"。但在用法上，"的"附在定语的后边，是定语的标志；"地"附在状语的后边，是状语的标志；"得"用在补语的前边，是补语的标志。例如：

"的", "地" and "得" are all structural particles and the pronunciation of the three particles is exactly the same in the neutral tone of "*de*". However, in terms of usage, "的" is attached to an attributive modifier, which is the marker of attributive; "地" is attached to an adverbial modifier, which is the marker of adverbial; "得" is used in front of a complement, which is the marker of complement. For example,

1. 今天的天气很热。
2. 弟弟是一个快乐的小孩子。
3. 火车跑得非常快。
4. 谁能吃得下这个大面包？

汉字 Chinese Characters

一、偏旁学习（Radicals）

1. 夂 冬字头（dōngzìtóu）

It is only used as a radical.

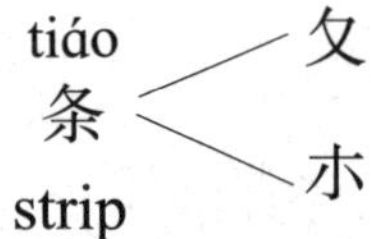

2. 艹 草字头（cǎozìtóu）

Characters with the radical "艹" are usually related to herb.

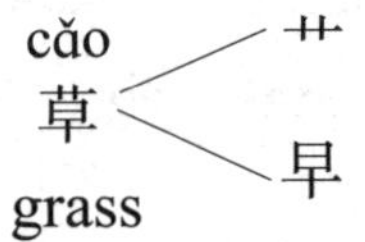

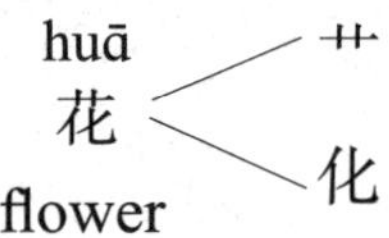

3. 刂 立刀旁（lìdāopáng）

Characters with the radical " 刂 " are usually related to knives.

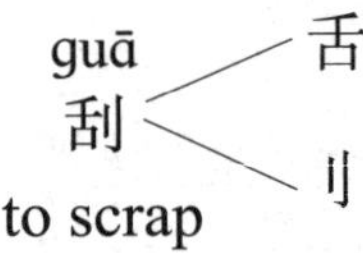

4. 穴 穴字头（xuèzìtóu）

Characters with the radical "穴" are usually related to house, space or holes.

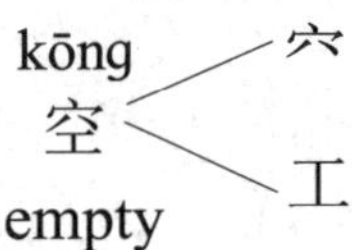

5. ⺮ 竹字头（zhúzìtóu）

Characters with the radical " ⺮ " are mostly related to bamboo.

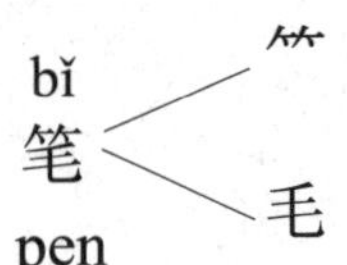

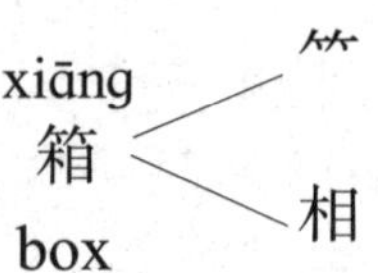

二、认写汉字（Learn and Write Chinese Characters）

① shì

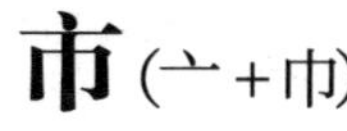

city

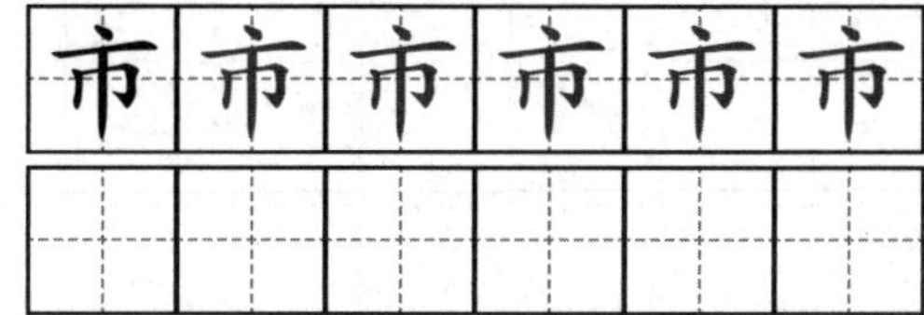

城（　　）

② jié

节（艹＋卩）

festival

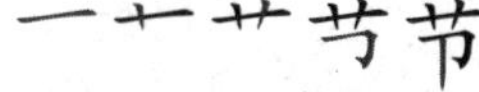

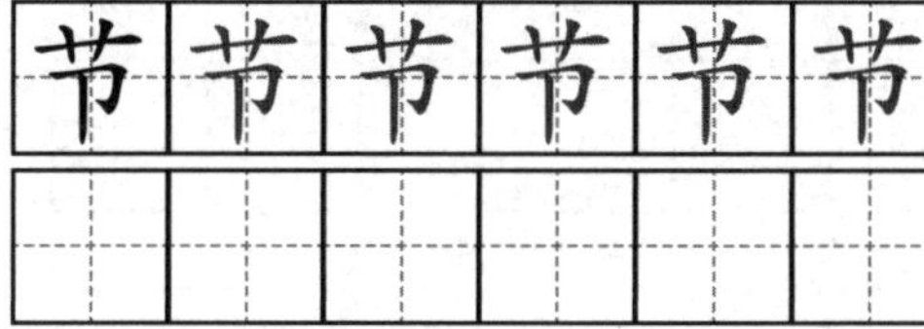

季（　　）

（　　）日

③ chūn

春（𡗗＋日）

spring

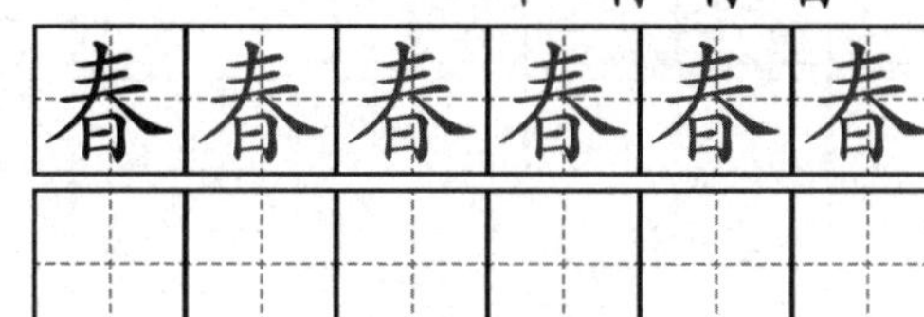

（　　）天

④ dōng

冬（夂＋⺀）

winter

（　　）天

⑤ guā

刮（舌＋刂）

to scrap

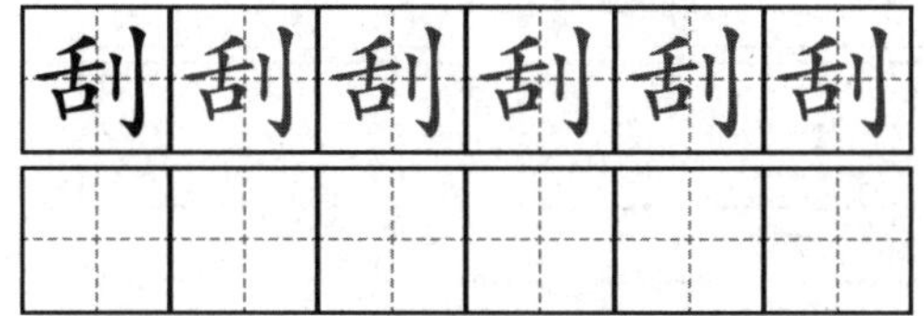

（　　）风

⑥ huà 化 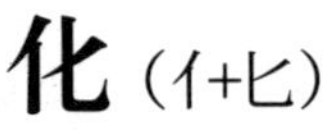 to change	 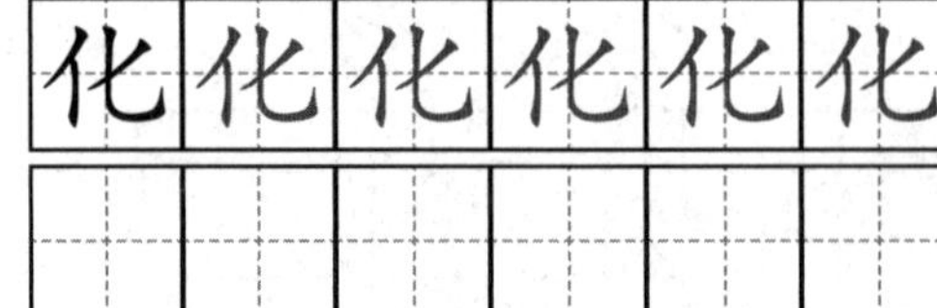	变(　　) 文(　　)
⑦ róng 容 (宀+谷) appearance	丶 丷 宀 宀 穴 灾 灾 容 容 容 	(　　)易
⑧ guó 国 (囗+玉) country	 	(　　)家 中(　　)
⑨ dì 地 (土+也) place	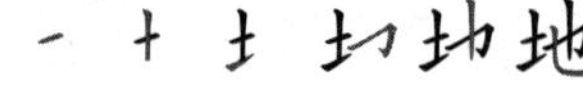 地 地 地 地 地 地	(　　)方
⑩ xiāng 箱 (⺮+相) box	箱 箱 箱 箱 箱 箱	冰(　　)

走近中国 A Touch of China

中国的气候

中国的气候类型主要有六种，包括热带雨林气候、热带季风气候、亚热带季风气候、温带季风气候、温带大陆性气候和高山高寒气候。

中国位于亚欧大陆东部，又在太平洋西岸，西南距印度洋也较近。冬季常刮从大陆吹向海洋的偏北风，夏季常刮从海洋吹向陆地的偏南风。夏季高温多雨，冬季寒冷少雨。

总体而言，中国气候类型复杂多样，大陆性季风气候显著。

The Climates in China

There are six main climate types in China, including tropical rainforest climate, tropical monsoon climate, subtropical monsoon climate, temperate monsoon climate, temperate continental climate and alpine cold climate.

China is located in the eastern part of the Eurasian continent, on the western coast of the Pacific Ocean, and its southwest is close to the Indian Ocean. The northerly wind blowing from the mainland to the ocean prevails in winter, and the southerly wind blowing from the ocean to the land prevails in summer. Summer is hot and rainy, while winter is cold and less rainy.

In general, China's climate types are complex and diverse, with a significant continental monsoon climate.

学而时习之 Practice Makes Progress

（一）朗读下列短语和句子（Read the following phrases and sentences aloud）

1. 多么：　多么漂亮 / 多么好听 / 多么喜欢
　　夏天多么热啊！

2. 容易：　很容易 / 不容易 / 容易写错
　　春天容易感冒。

3. 绿：　　绿苹果 / 绿衣服 / 绿草
春天到了，树慢慢地绿了。

4. 带：　　带护照 / 带钱 / 带照片
我喜欢带妻子和儿子去公园看花。

5. 变化：　　有变化 / 没什么变化
春天天气变化很大。

（二）句子匹配（Choose appropriate sentence）

A. 你最喜欢北京的哪个季节？

B. 哈尔滨这个季节不太热。

C. 北京的夏天很热。

D. 这些花真漂亮，是在哪儿买的？

E. 今天非常冷。

1. 所以去哈尔滨旅游特别舒服。（　　）
2. 你要多穿衣服，别感冒了。（　　）
3. 所以北京人喜欢把啤酒和西瓜放在冰箱里。（　　）
4. 是我丈夫送给我的。（　　）
5. 我最喜欢北京的秋天。（　　）

（三）选词填空（Choose correct words for the blanks）

A. 季节　　B. 多么　　C. 绿　　D. 感冒　　E. 带

1. 孩子们（　　）高兴啊！
2. 春天来了，草（　　）了。
3. 麦克昨天（　　）了，去医院看医生了。
4. 周末的时候，爸爸、妈妈经常（　　）我去商店买东西。
5. 哈尔滨一年有四个（　　）。

（四）连词成句（Form sentences with the words given）

1. 北京　　经常　　刮风　　春天　　的

____

2. 玛丽　　商店　　买了　　去　　一些花

____

3. 里　　冰箱　　西瓜　　有　　和　　啤酒

____

4. 这个　　最近　　很大　　变化　　城市　　两年

____

5. 哈尔滨　　在　　几乎　　中国　　的　　北方　　最

____

（五）根据拼音写汉字（Write the Chinese characters according to the following Pinyin）

1. 哈尔滨是中国北方的一个大城（shì）。

2. 我去过很多（guó）家。

3. 下雪了，人们（duō）么高兴啊！

4. 我在路上慢慢（de）走着。

5. 这次考试很容（yì），很多同学都考得很好。

第九课　只有坐公共汽车才能去

学习目标 Learning Objectives

1. 学会使用中文问路

Learn to ask for directions in Chinese

2. 理解条件复句“只有……才……”

Understand the conditional complex sentence “只有……才……”

课文 1 Text 1

(Zài jiàoshì)
（在 教室）

Gāo lǎoshī: Tóngxuémen hǎo, jīntiān nǐmen yào zìjǐ qù Běijīng dòngwùyuán.
高老师：同学们好，今天你们要自己去北京动物园。

Mǎlì: Lǎoshī, wǒmen qù dòngwùyuán kàn xióngmāo ma?
玛丽：老师，我们去动物园看熊猫吗？

Gāo lǎoshī: Shìde. Zhè shì dìtú, zhège dìfang jiùshì dòngwùyuán, wǒmen xiànzài zài zhèr.
高老师：是的。这是地图，这个地方就是动物园，我们现在在这儿。

Mǎlì: Wǒmen kěyǐ zuò dìtiě qù ma?
玛丽：我们可以坐地铁去吗？

Shānběn: Wǒ xiǎng qíchē qù.
山本：我想骑车去。

Gāo lǎoshī: Dōu bù xíng, zhǐyǒu zuò gōnggòngqìchē cái néng qù. Dàjiā yào
高老师：都不行，只有坐公共汽车才能去。大家要

jiè zhège jīhuì hǎohāor liànxí yòng Zhōngwén wènlù.
借这个机会好好儿练习用中文问路。

Mǎlì: Zuò gōnggòngqìchē zěnme qù ne?
玛丽：坐公共汽车怎么去呢？

Gāo lǎoshī: Cóng xuéxiào ménkǒu zuò yī lù gōnggòngqìchē, zuò liù zhàn xià chē. Xiàng dōng zǒu wǔbǎi mǐ, nà tiáo jiēdào bǐjiào cháng, jīngguò Zhōngguó Yínháng, nǐ jiù kěyǐ kàndào dòngwùyuán le. Rúguǒ bù zhīdao zěnme zǒu, kěyǐ wèn lùshang de Zhōngguó rén.
高老师：从学校门口坐一路公共汽车，坐六站下车。向东走五百米，那条街道比较长，经过中国银行，你就可以看到动物园了。如果不知道怎么走，可以问路上的中国人。

Mǎlì: Hǎode. Zhè zhēn shì yí gè liànxí shuō Hànyǔ de hǎo jīhuì.
玛丽：好的。这真是一个练习说汉语的好机会。

(Děng gōnggòngqìchē)
（等公共汽车）

Shānběn: Āyí, nín hǎo! Zhè shì qù dòngwùyuán de gōnggòngqìchē ma?
山本：阿姨，您好！这是去动物园的公共汽车吗？

Sījī: Shìde. Qǐng shàng chē.
司机：是的。请上车。

(Xià chē hòu)
（下车后）

Shānběn: Shūshu nín hǎo! Cóng zhèr zǒu, kěyǐ qù dòngwùyuán ma?
山本：叔叔您好！从这儿走，可以去动物园吗？

Shūshu: Duìbuqǐ, wǒ bú shì Běijīng rén, wǒ bú tài liǎojiě, nǐ wènwen biérén ba!
叔叔：对不起，我不是北京人，我不太了解，你问问别人吧！

Shānběn: Xièxie!
山本：谢谢！

Dàwèi: Wǒ jìde lǎoshī shuōguo, kěyǐ kàn dìtú, shàng běi xià nán, zuǒ xī yòu dōng.
大卫：我记得老师说过，可以看地图，上北下南，左西右东。

Shānběn: Gēnjù lǎoshī shuō de, yǒu yí gè Zhōngguó Yínháng, dànshì wǒmen
山　本：根据老师说的，有一个中国银行，但是我们

zǒule hěn jiǔ yě méi kàndào Zhōngguó Yínháng, shì bu shì zǒucuò le?
走了很久也没看到中国银行，是不是走错了？

Mǎlì: Wǒmen dǎ diànhuà wènwen lǎoshī ba!
玛丽：我们打电话问问老师吧！

Dàwèi, Shānběn: Hǎode.
大卫、山本：好的。

词汇 1 Vocabulary 1

1	动物园	dòngwùyuán	*n.*	zoo
2	地图	dìtú	*n.*	map 地：earth；land 图：picture；drawing
3	地铁	dìtiě	*n.*	subway; metro 铁：iron
4	只有……才……	zhǐyǒu……cái……	*conj.*	only (if) … (that/can) …
5	站	zhàn	*m./n.*	bus stop
6	米	mǐ	*m.*	meter
7	街道	jiēdào	*n.*	street
8	经过	jīngguò	*v.*	pass through
9	银行	yínháng	*n.*	bank 银：silver; relating to money 行：business firm
10	阿姨	āyí	*n.*	aunt
11	司机	sījī	*n.*	driver
12	叔叔	shūshu	*n.*	uncle (referring to a man younger than one's father)
13	了解	liǎojiě	*v.*	to know; to understand
14	记得	jìde	*v.*	to remember; to recall

15	西	xī	*n.*	west
16	东	dōng	*n.*	east
17	根据	gēnjù	*prep.*	on the basis of; according to

课文 2 Text 2

Zài Zhōngguó liúxué de shíhou, yǒu yí cì wǒ cóng xuéxiào qù huǒchēzhàn jiē péngyou. Wǒ zǒule hěn jiǔ cái fāxiàn zìjǐ zǒucuò le, jiù zhǎo rén bāngmáng. Yǒu yí gè Zhōngguó rén hěn rèqíng, bǎ wǒ sòngdàole huǒchēzhàn. Wǒ gēn tā shuōle xièxie. Tā bǎ tā de shǒujī hàomǎ gěile wǒ, hái shuō yǒu shénme xūyào bāngmáng de, kěyǐ gěi tā dǎ diànhuà. Cóng nà shí qǐ wǒmen jiùshì péngyou le. Shíjiān cháng le, wǒmen de guānxì yě yuè lái yuè hǎo.

在中国留学的时候，有一次我从学校去火车站接朋友。我走了很久才发现自己走错了，就找人帮忙。有一个中国人很热情，把我送到了火车站。我跟他说了谢谢。他把他的手机号码给了我，还说有什么需要帮忙的，可以给他打电话。从那时起我们就是朋友了。时间长了，我们的关系也越来越好。

Shíjiān guò de hěn kuài, sì nián de xuéxí mǎshàng jiù jiéshù le, wǒ yě yǒule hěn duō Zhōngguó péngyou. Wǒ xiǎng wǒ huì xuǎnzé zài Zhōngguó zhǎo gōngzuò.

时间过得很快，四年的学习马上就结束了，我也有了很多中国朋友。我想我会选择在中国找工作。

词汇 2 Vocabulary 2

1	接	jiē	*v.*	to accept; to receive
2	发现	fāxiàn	*v.*	to find out; to discover
3	帮忙	bāngmáng	*v.*	to help; to give a helping hand
4	关系	guānxì	*n.*	relation; relationship
5	结束	jiéshù	*v.*	to stop; to finish; to end
6	选择	xuǎnzé	*v.*	to choose; to select; to pick
			n.	choice; selection; option

注 释 Notes

一、经过（Pass Through; Go by）

"经过"表示路过某一个地方。此外，"经过"也可以接时间名词，表示延续了一段时间。例如：

"经过" means "to pass by" a certain place. In addition, "经过" can also be put before noun of time, indicating "to continue for" a period of time. For example,

1. 去动物园要经过中国银行。
2. 经过火车站，我们就到大超市了。
3. 从学校去玛丽家，要经过我家。
4. 大约经过二十分钟，火车到了南京南站。
5. 经过一个春天，这些小树变得更高更绿了。

二、根据（According to; In Accordance with）

"根据"既可以作名词，也可以作介词。作名词的时候表示"做某事的理由或依据"，而作介词的时候表示"把某种事物作为行动或结论的前提"。例如：

"根据" can be used as either a noun or a preposition. When used as a noun, it means "a reason or basis for doing something", while when used as a preposition, it means "to take something as a premise for an action or conclusion". For example,

1. 根据老师说的，我们还要向前走。
2. 根据课文，我们知道这个词有很多意思。
3. 根据地图，这里离动物园很远。
4. 你这样回答的根据是什么呢？
5. 请讲一讲早睡早起身体好的根据。

语　法 Grammar

只有……才……（Only If ...）

“只有……才……”连接表示条件关系的复句，“只有”的后边是唯一的条件，“才”的后边是该条件下所产生的结果，而且在分句中，“才”要放在主语之后谓语之前。例如：

“只有……才……” connects two clauses of conditional relation, where “只有” is followed by the only condition, and “才” is followed by the result of that condition. “才” should be placed before the predicate and after the subject in the clause. For example,

1. 只有坐公共汽车才能去。
2. 只有努力学习才能考得好。
3. 学习外语，只有多听、多说、多练才能学好。
4. 只有老师去请他，他才会来。
5. 只有下雪的时候，我们才能堆雪人。

汉　字 Chinese Characters

一、偏旁学习（Radicals）

1. ⻗　雨字头（yǔzìtóu）

Characters with the radical “⻗” are usually related to climate.

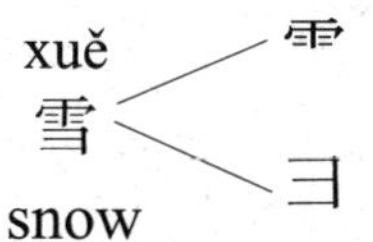

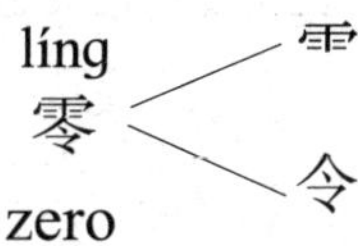

2. 心　心字底（xīnzìdǐ）

Characters with the radical “心” are usually related to mental activities.

3. **巾**　巾字底（jīnzìdǐ）

Characters with the radical “巾” are usually related to cloth.

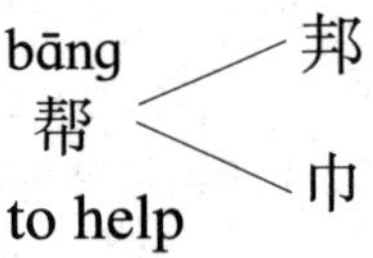

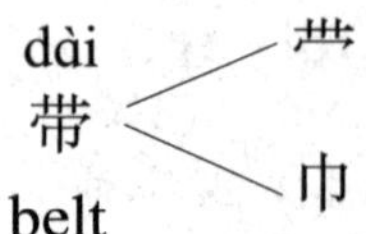

4 **灬**　四点底（sìdiǎndǐ）

Characters with the radical “灬” are usually related to fire.

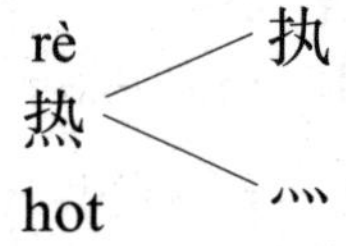

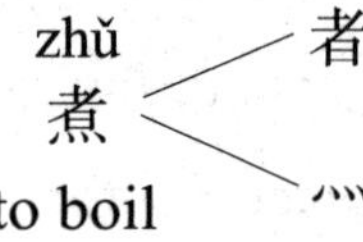

5. **亠**　京字头（jīngzìtóu）

It is only used as a radical.

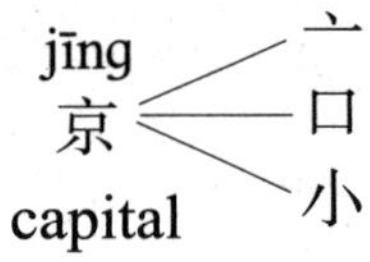

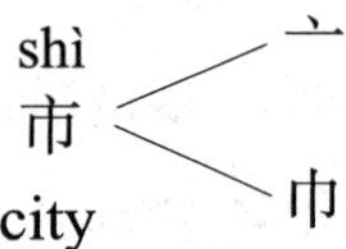

二、认写汉字（Learn and Write Chinese Characters）

① dòng

动(云＋力)

movement

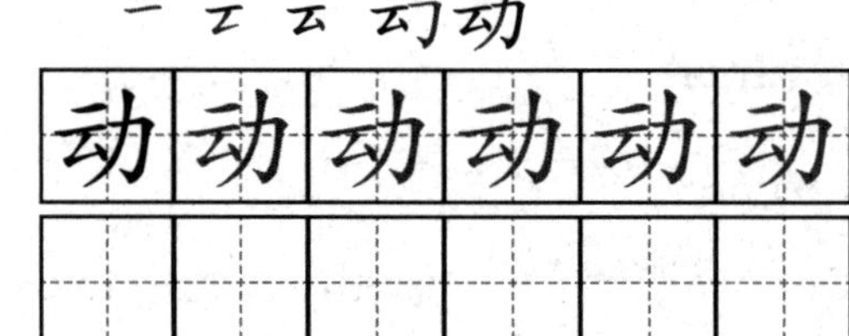

（　　）物园

运（　　）

② zhǐ

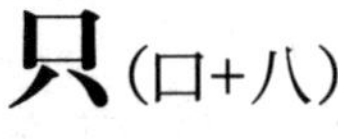

only

（　　）有

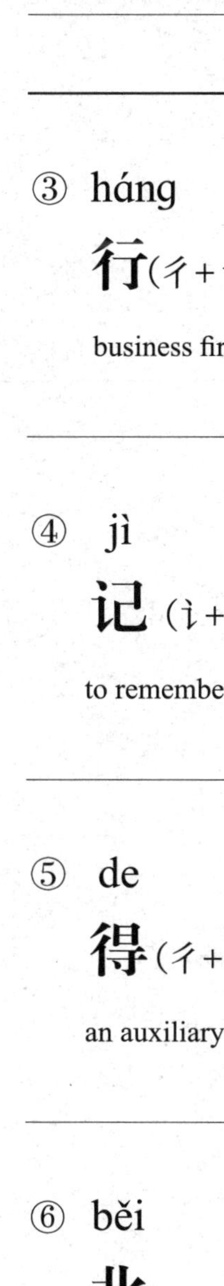

③ háng

行(彳+亍)

business firm

丿 彡 彳 彳 行 行

行 行 行 行 行 行

银(　　)

④ jì

记(讠+己)

to remember

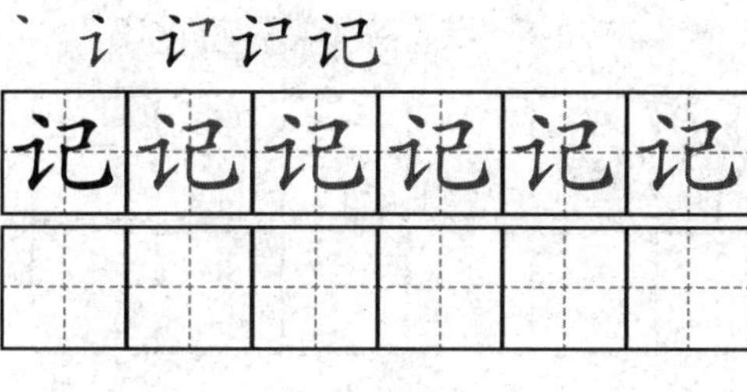

丶 讠 讠 订 记

记 记 记 记 记 记

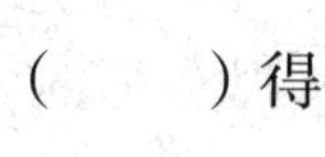

(　　)得

⑤ de

得(彳+㝵)

an auxiliary

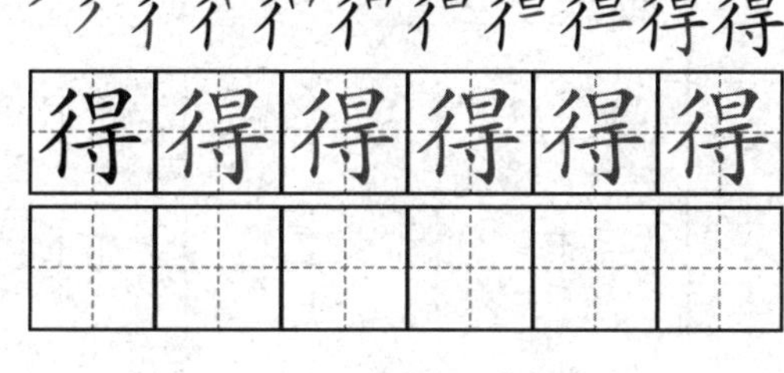

丿 彡 彳 彳 祀 徂 徂 得 得 得 得

得 得 得 得 得 得

记(　　)

⑥ běi

北

north

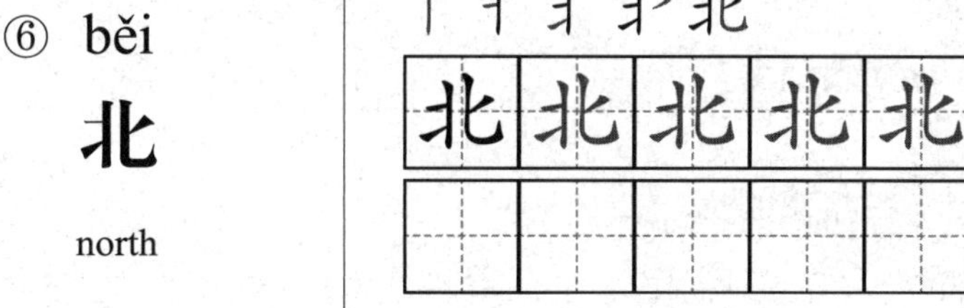

丨 十 扌 北 北

北 北 北 北 北 北

(　　)京

南(　　)

⑦ fā

发

to send

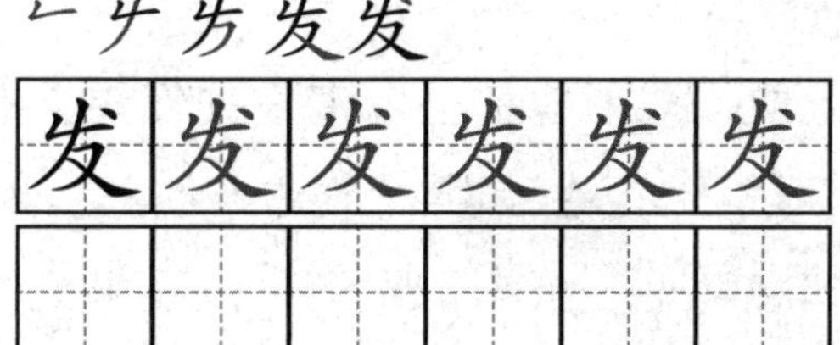

𠃋 ナ 方 发 发

发 发 发 发 发 发

(　　)现

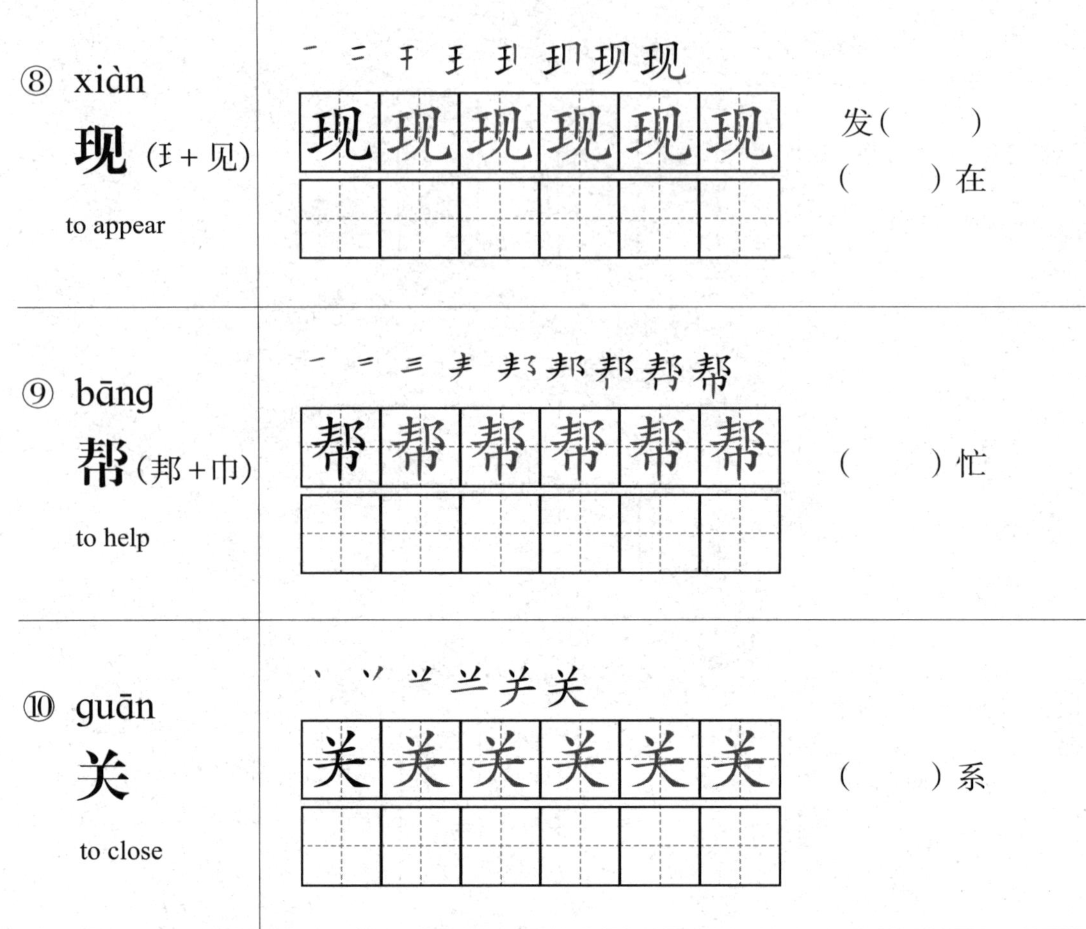

走近中国 A Touch of China

广州地铁

广州是中国南方很重要的一个中心城市，她有着古老的历史、发达的经济和美丽的景色。很多外国朋友都喜欢广州这个城市，你可以在广州看见来自世界各个国家的人。

广州的交通也很方便，乘坐地铁可以带你去你想去的地方。广州最早的地铁 1 号线在 1997 年开通，现在一共有十几条线路，两百多个地铁站。从早上六点开始，一直到晚上十一点半，你都可以乘坐地铁。广州地铁的标志像一只羊角，因为广州也叫“羊城”。地铁里有免费的无线网络，而且地铁里的广播有普通话、广东话和英语好几种语言，真的很方便。

The Subway in Guangzhou

Guangzhou is an important central city in southern China with an ancient history, a developed economy and beautiful scenery. Many foreigners love Guangzhou, where you can see people from all over the world.

Guangzhou is also very convenient in terms of transportation, and a subway can take you anywhere you want to go. Guangzhou's earliest subway line, Line 1, opened in 1997 and now there are more than a dozen lines with more than 200 stations. You can take the subway from 06:00 in the morning until 11:30 at night. The logo of the Guangzhou subway looks like a goat's horn, as Guangzhou is also called the "Goat City". There is free wireless internet in the subway, and the announcements in the subway are in Mandarin, Cantonese and English, which is very convenient.

学而时习之　Practice Makes Progress

（一）朗读下列短语和句子（Read the following phrases and sentences aloud）

1. 向：　向东 / 向西 / 向北
   请向南走 100 米。
2. 接：　接人 / 接朋友 / 接弟弟
   我去机场接你。
3. 发现：　发现问题 / 发现动物 / 发现新闻
   我发现自己走错了。
4. 选择：　选择学校 / 选择衣服 / 选择时间
   你选择了什么书？
5. 经过：　经过学校 / 经过动物园
   经过超市，就能看到车站了。

（二）句子匹配（Choose appropriate sentence）

A. 你知道怎么去动物园吗？

B. 对不起，我不太了解他。

C. 你为什么来晚了呢？

D. 谁把电话号码给你的？

E. 时间过得真快啊。

1. 我很早就出门了，但是走了很久才发现自己走错了。（　　）
2. 从学校门口坐 3 路车，坐 10 站下车，就到了。（　　）
3. 你觉得大卫这个人怎么样？（　　）
4. 四年的学习马上就结束了。（　　）
5. 是我的朋友把电话号码给我的。（　　）

（三）选词填空（Choose correct words for the blanks）

A. 选择　　B. 接　　C. 根据　　D. 帮忙　　E. 只有

1. 玛丽（　　）去中国留学。
2. （　　）地图，再走 100 米动物园就到了。
3. 今天下午我去（　　）你，我们一起去看电影。
4. 这个东西太重了，我来（　　）拿吧。
5. （　　）努力学习才能得到好成绩。

（四）连词成句（Form sentences with the words given）

1. 过　　很　　时间　　快　　得

____

2. 不太　　你　　我　　了解　　说的

____

3. 把　　书　　还　　那本　　了　　他

____

4. 同学们的　　越来越好　　关系　　现在　　了

____

5. 马上　　了　　结束　　中文课　　今天的　　就要

____

（五）根据拼音写汉字（Write the Chinese characters according to the following Pinyin）

Xiàng
1.（　　）东走，你就可以看见了。

Zhǐ
2.（　　）有坐地铁才可以到书店。

háng
3. 我家附近有一个银（　　）。

liǎo
4. 你对中国历史（　　）解吗？

běi
5. 学校的（　　）边是一个大公园。

第十课 要放假了

学习目标 Learning Objectives

1. 学会词语“终于”“关于”“什么的”的用法

Learn to use the words “终于” “关于” and “什么的”

2. 掌握“动词 + 上”结构的用法

Understand the structure of “动词 + 上” that indicates the result of an act

课文 1 Text 1

Dàwèi: Zhōngyú yào fàngjià le. Nǐ juédìng qù shénme dìfang le ma?
大卫：终于要放假了。你决定去什么地方了吗？

Tōngcái: Guānyú zhège wèntí, wǒ hái méi xiǎng hǎo. Wǒ hěn xiǎng qù kàn-kan Huánghé, nǐ ne?
通才：关于这个问题，我还没想好。我很想去看看黄河，你呢？

Dàwèi: Guòqù wǒ jiù yìzhí hěn xiǎng qù Huángshān, zhè cì fàng qī tiān jià, wǒ dǎsuan qù Huángshān, pápa shān, pāipai zhào shénmede.
大卫：过去我就一直很想去黄山，这次放七天假，我打算去黄山，爬爬山、拍拍照什么的。

Tōngcái: Nǐ yí gè rén qù nàme yuǎn de dìfang bú hàipà ma?
通才：你一个人去那么远的地方不害怕吗？

Dàwèi: Wǒ yǒu péngyou zài nàr, wǒ bǎ hángbān qǐfēi hé jiàngluò de shíjiān gàosu tā, tā dào shíhou lái jiē wǒ.
大卫：我有朋友在那儿，我把航班起飞和降落的时间告诉他，他到时候来接我。

Tōngcái: Rúguǒ nǐ xiàle fēijī méi kànjiàn tā ne?
通 才：如果你下了飞机没看见他呢？

Dàwèi: Wǒ de Zhōngwén shuō de hěn hǎo, jiào liàng chūzūchē qù bīnguǎn jiù hǎo le a.
大卫：我的中文说得很好，叫辆出租车去宾馆就好了啊。

Tōngcái: Yě shì. Tīngshuō Huángshān zhège jìjié hěn měi, nǐ jìde yòng zhàoxiàngjī duō zhào jǐ zhāng zhàopiàn, huílai gěi wǒ kànkan.
通 才：也是。听说黄山这个季节很美，你记得用照相机多照几张照片，回来给我看看。

Dàwèi: Nǐ yě náshang hùzhào, zhǔnbèi hǎo xíngli xiāng, gēn wǒ yìqǐ qù kàn kan wàibian de shìjiè ba!
大卫：你也拿上护照，准备好行李箱，跟我一起去看看外边的世界吧！

Tōngcái: Xià cì yǒu jīhuì wǒmen zài yìqǐ qù ba. Nǐ yí gè rén yào zhùyì ānquán!
通 才：下次有机会我们再一起去吧。你一个人要注意安全！

词汇 1 Vocabulary 1

1	终于	zhōngyú	*adv.*	at last; finally
2	放假 *	fàngjià	*v.*	to be on vacation
3	决定	juédìng	*v.*	to decide
			n.	decision; determination; resolution
4	关于	guānyú	*prep.*	with regard to; about
5	黄河	Huánghé	*n.*	the Yellow River
6	过去	guòqù	*n.*	in the past
7	黄山 *	Huángshān	*n.*	the Yellow Mountain
8	爬山	pá shān	*v.*	to climb mountains
9	拍照 *	pāizhào	*v.*	to take a picture
10	什么的 *	shénmede	*part.*	and so on

11	害怕	hàipà	*v.*	to be afraid; to be frightened
12	航班	hángbān	*n.*	flight; scheduled flight (HSK4 Word)
13	起飞	qǐfēi	*v.*	(of aircraft) to take off
14	降落	jiàngluò	*v.*	to descend; to land
15	辆	liàng	*m.*	measure word for bikes and automobiles
16	听说 *	tīngshuō	*v.*	to hear of; to hear about
17	美 *	měi	*adj.*	beautiful
18	照相机	zhàoxiàngjī	*n.*	camera 机：machine
19	护照	hùzhào	*n.*	passport
20	行李箱	xíngli xiāng	*n.*	trunk; baggage suitcase
21	世界	shìjiè	*n.*	the world; the earth; the globe; the universe
22	注意	zhùyì	*v.*	to pay attention to; to keep an eye on; to take notice of
23	安全	ānquán	*n.*	safety; security(HSK4 Word)

注释 Notes

一、终于（Finally; At Last）

“终于”表示经过复杂的变化或长期的努力，出现了某种结果，而这种结果多为期望得到的。例如：

“终于” indicates that after complex changes or long-term efforts, a certain result has emerged, and mostly this result is expected to be obtained. For example,

1. 终于要放假了。
2. 春天终于来了。
3. 前几天太热了，今天终于下雨了。

二、关于（With Regard to; About）

“关于”用来引出相关的人或事物。由“关于”构成的介宾短语，在句中可作定语或状语，而在作状语时，一般置于句首。例如：

“关于” is used to introduce a related person or thing. The prepositional phrase formed by “关于” can be used as attributive or adverbial modifier in a sentence, and when used as adverbial, the prepositional phrase is usually placed at the beginning of the sentence. For example,

1. 关于这个问题，我还没想好。
2. 关于昨天的电影，我们还想再看一遍。
3. 关于前一段课文，我还不太明白。
4. 我打算借一本关于美国历史的书。
5. HSK 是关于汉语水平的考试。

三、什么的（And So On; Things like That）

“什么的”用于一个成分或几个并列成分的后边，表示“……之类的”的意思，一般用于口语。例如：

“什么的” is used after a single item or several parallel items to mean “things like that” and is generally used in spoken language. For example,

1. 我喜欢吃水果，苹果、西瓜什么的。
2. 星期天的下午，我经常和朋友们一起喝喝茶、聊聊天什么的。
3. 你要多运动，游泳、跑步、爬山什么的，对身体都很好。

语　法　Grammar

动词 + 上（Verb + *Shang*）

“上”用在动词的后边，常有以下的几种用法：1. 表示动作的方向由低到高；2. 表示动作开始并继续；3. 表示动作的结果。例如：

“Verb + 上” is often used in the following ways: 1. to indicate the direction of the action from low to high; 2. to indicate the beginning and continuation of the action; 3. to indicate the result of the action. For example,

1. 麦克拿着行李箱爬上了十层楼。
2. 小花猫跳上桌子，吃起盘子里的鱼。

3. 两个老朋友见了面就聊上了。

4. 在 KTV 她能唱上一个晚上。

5. 她今年终于考上了大学。

6. 不要忘记写上自己的名字。

汉 字 Chinese Characters

一、偏旁学习（Radicals）

1. 勹 包字头（bāozìtóu）

It is only used as a radical.

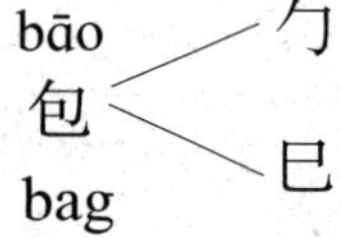

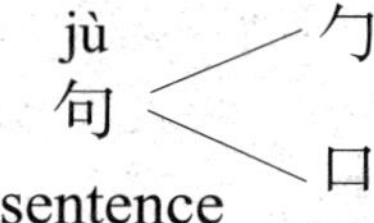

2. 是 是字旁（shìzìpáng）

It is only used as a radical.

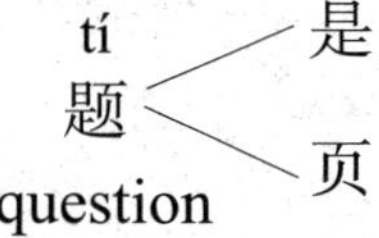

3. 走 走字旁（zǒuzìpáng）

Characters with the radical “走” are usually related to running or fast walking.

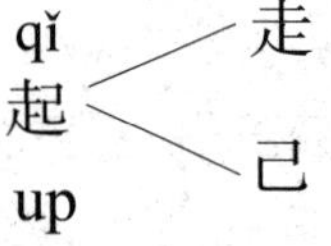

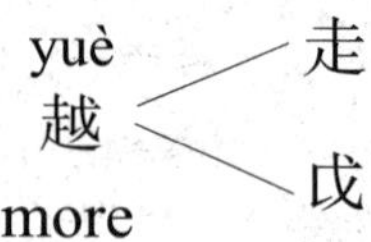

4. 辶 走之底（zǒuzhīdǐ）

Characters with the radical “辶” are usually related to walking or moving.

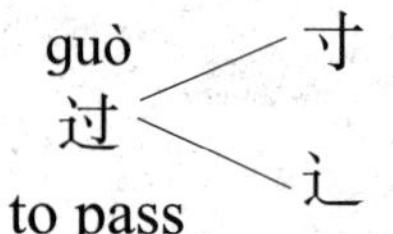

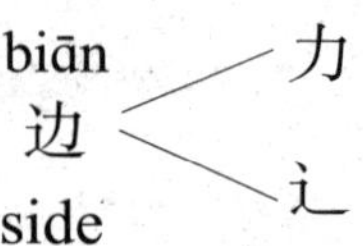

5. **ナ**　有字旁（yǒuzìpáng）

Characters with the radical "ナ" are usually related to hands.

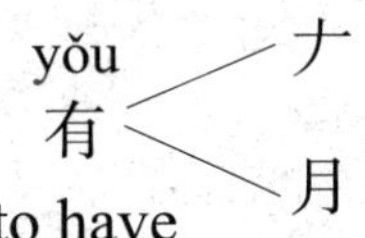

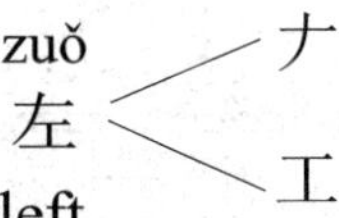

二、认写汉字（Learn and Write Chinese Characters）

① yú

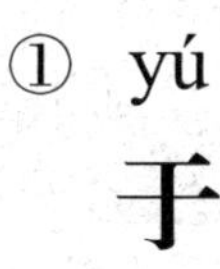
于

at;in;to

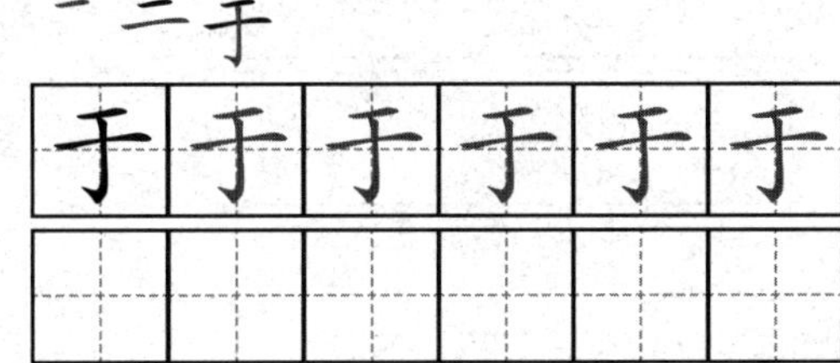

终（　　）
关（　　）

② dìng

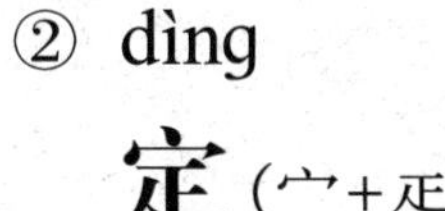
定（宀+疋）

to decide

定 定 定 定 定 定

决（　　）
一（　　）

③ hé

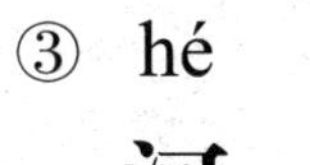
河（氵+可）

river

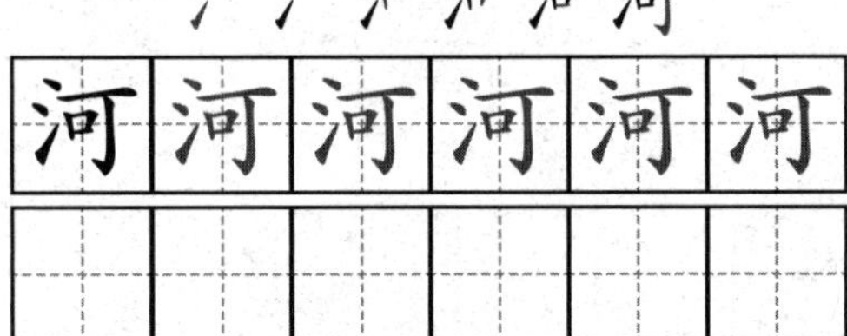

黄（　　）

④ ān

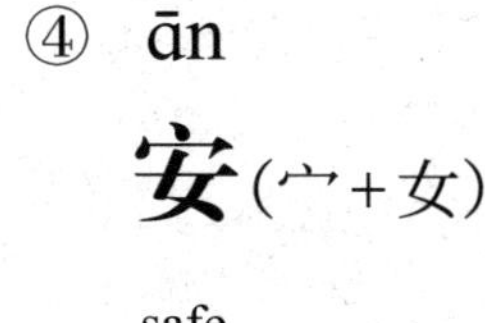
安（宀+女）

safe

（　　）静
（　　）全

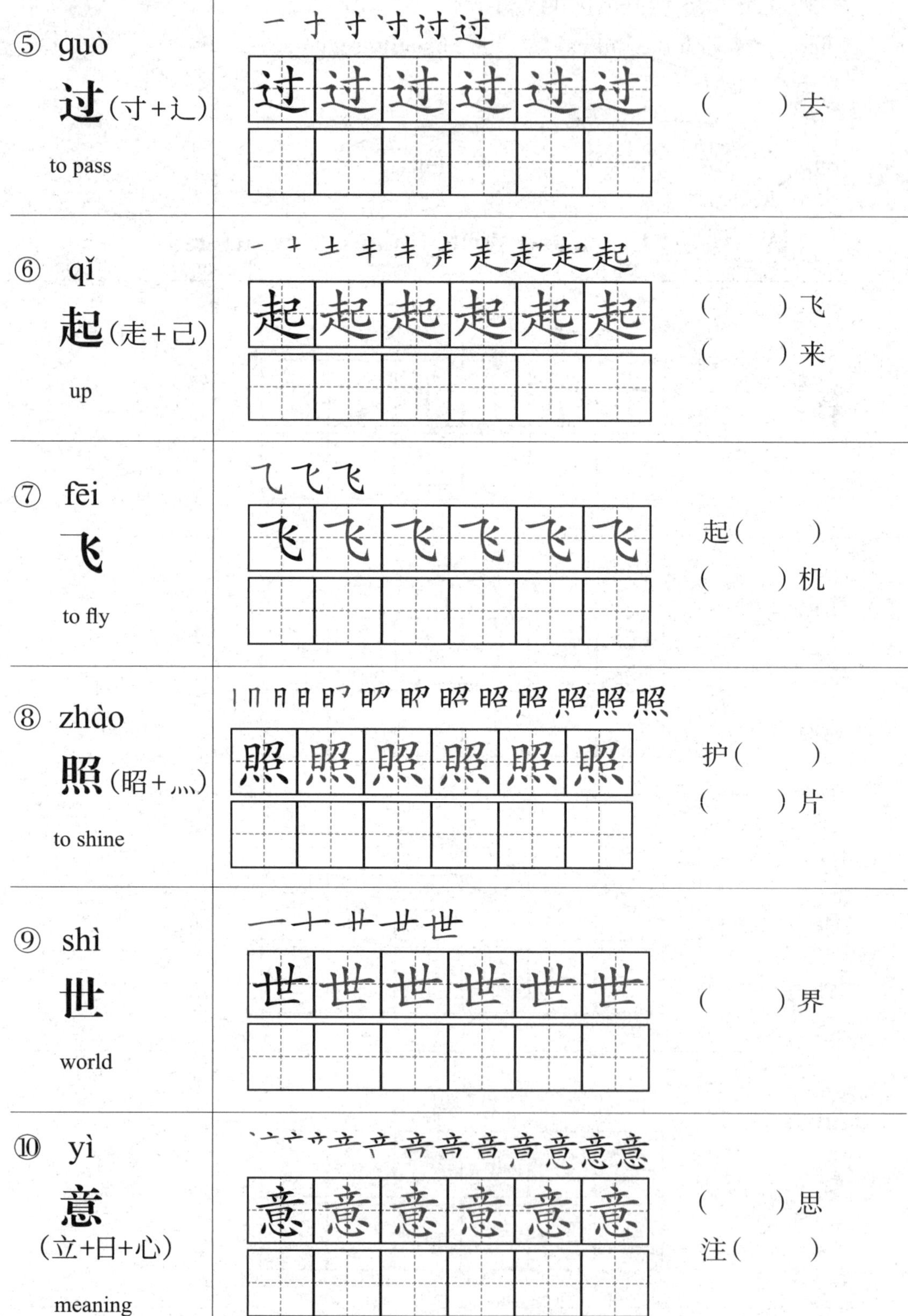

Character	Stroke order and practice	Words
⑤ guò 过(寸+辶) to pass	一 十 寸 寸 讨 过 过 过 过 过 过 过	(　　)去
⑥ qǐ 起(走+己) up	一 十 土 丰 丰 走 走 起 起 起 起 起 起 起 起 起	(　　)飞 (　　)来
⑦ fēi 飞 to fly	乙 飞 飞 飞 飞 飞 飞 飞 飞	起(　　) (　　)机
⑧ zhào 照(昭+灬) to shine	丨 冂 日 日 日 日 日 昭 昭 照 照 照 照 照 照 照 照 照 照	护(　　) (　　)片
⑨ shì 世 world	一 十 廿 廿 世 世 世 世 世 世 世	(　　)界
⑩ yì 意 (立+日+心) meaning	丶 亠 立 立 产 音 音 音 音 意 意 意 意 意 意 意 意 意 意	(　　)思 注(　　)

走近中国 A Touch of China

黄河

黄河全长约 5464 公里，是世界长河之一，也是中国第二长河。

黄河发源于青藏高原，自西向东分别流经青海、四川、甘肃、宁夏、内蒙古、陕西、山西、河南及山东，最后流入渤海。河流中段流经中国黄土高原地区，因此夹带了大量泥沙，所以它也是世界上含沙量最多的河流。在中国历史上，黄河下游的改道给人类文明带来了巨大的影响。黄河是中华文明最主要的发源地，中国人称其为“母亲河”。

The Yellow River

The Yellow River is about 5464 kilometers long, one of the longest rivers in the world and the second longest river in China.

The Yellow River originates from the Qinghai-Tibet Plateau and flows from the west to the east through Qinghai, Sichuan, Gansu, Ningxia, Inner Mongolia, Shaanxi, Shanxi, Henan and Shandong, and finally flows into Bohai. The middle section of the river flows through the Loess Plateau region of China, so it entrains a large amount of sediment, it is also known as the river with the most sediment in the world. In Chinese history, the diversion of the lower Yellow River had a huge impact on human civilization. The Yellow River is the most important birthplace of Chinese civilization. Chinese call it the “Mother River”.

学而时习之 Practice Makes Progress

（一）朗读下列短语和句子（Read the following phrases and sentences aloud）

1. 终于：　终于好了 / 终于做完了
   终于要放假了。

2. 过去：　过去的事 / 过去十年
   过去我就一直很想去中国的北方。

3. 害怕：　很害怕 / 不害怕
我害怕狗。
你不害怕吗？

4. 上：　拿上 / 穿上 / 爱上 / 考上
你记得把照相机带上。

5. 注意：　多注意 / 很注意 / 注意安全
请大家注意一下。

（二）句子匹配（Choose appropriate sentence）

A. 你爸爸妈妈想让你学什么？
B. 女儿第一次游泳的时候比较害怕。
C. 如果没带照相机呢？
D. 世界那么大。
E. 我明天要和朋友去中国哈尔滨旅游。

1. 用手机照也可以。（　　）
2. 你记得要把护照带上。（　　）
3. 现在她觉得那是一件非常快乐的事情。（　　）
4. 他们让我自己决定。（　　）
5. 我想去看看。（　　）

（三）选词填空（Choose correct words for the blanks）

A. 终于　　B. 关于　　C. 决定　　D. 过去　　E. 注意

1. 我（　　）在中国找工作。
2. 你一个人在中国要多（　　）身体。
3.（　　）我没有学过汉语，来中国前不会说汉语。
4. A：放假了你想做什么？
B：（　　）这个问题，我还没想好。
5. A：8 年了，她（　　）同意做我的女朋友了。
B：真的吗？太好了！我真为你高兴！

（四）连词成句（Form sentences with the words given）

1. 记得　带　护照　上　你

____

2. 终于　决定　他　了

____

3. 爱上　已经　我　汉语　了

____

4. 爬山　一直　我　想去　过去

____

5. 身体　多　爸爸妈妈　注意　要　一定

____

（五）根据拼音写汉字（Write the Chinese characters according to the following Pinyin）

1. 你愿意跟我一起去爬（shān）吗？

2. 这条（hé）里有很多鱼。

3. 我妹妹还不（huì）骑自行车。

4. 你知道他的航班什么时候起（fēi）吗？

5. 这是玛丽新买的照相（jī）。

第十一课　我是中国通啊

学习目标 Learning Objectives

1. 学会使用和辨析“为”和“为了”

Learn to use and differentiate “为” and “为了”

2. 掌握“还是”的用法

Understand the use of “还是”

课文 1 Text 1

(Zài sùshè)
(在 宿舍)

Tōngcái: Nǐ zhīdao Zhōngguó rén shì zěnme guò shēngrì de ma?
通　才：你知道 中 国 人 是 怎 么 过 生 日 的 吗？

Mǎlì: Wǒ dāngrán zhīdao. Zài Zhōngguó, xiǎoháir yí suì, lǎorén liùshí suì de shēngrì tèbié zhòngyào, xiàng yí gè dà jiérì yíyàng. Chúle shēngrì dàngāo, hái yào chī miàntiáo, shì zhùyuàn chángshòu de yìsi.
玛丽：我 当 然 知 道。在 中 国，小孩儿 一 岁、老 人 六十 岁 的 生 日 特别 重 要，像 一 个 大 节 日 一 样。除了 生 日 蛋 糕，还 要 吃 面 条，是 祝 愿 长 寿 的 意思。

Tōngcái: Shì ma?
通　才：是 吗？

Mǎlì: Xiǎoháir guò shēngrì, rénmen zhù háizi “chángmìng bǎisuì”. Lǎorén guò shēngrì, jiārén jiù shuō “zhù yéye nǎinai fú rú Dōnghǎi, shòu bǐ Nánshān”.
玛丽：小孩儿 过 生 日，人 们 祝 孩子“长 命 百 岁”。老 人 过 生 日，家人 就 说“祝 爷爷 奶奶 福 如 东 海，寿 比 南 山”。

Péngyou guò shēngrì，dàjiā cháng shuō "zhù nǐ shēngrì kuàilè".
朋友过生日，大家常说"祝你生日快乐"。

Tōngcái：Zhēn yǒu yìsi！
通　才：真有意思！

Mǎlì：Hái yǒu ne，gāng dào Běijīng shí，yí gè Zhōngguó péngyou guò shēngrì qǐng wǒ qù chī fàn，wǒ mǎile yí gè zhōng sòng gěi tā．Wèi zhè shì nàge péngyou hái yǒudiǎnr shēngqì．Hòulái wǒ cái zhīdào，zài Zhōngguó，shēngrì shì bù néng sòng zhōng de．
玛丽：还有呢，刚到北京时，一个中国朋友过生日请我去吃饭，我买了一个钟送给她。为这事那个朋友还有点儿生气。后来我才知道，在中国，生日是不能送钟的。

Tōngcái：Mǎlì，nǐ zěnme zhīdao nàme duō ne?
通　才：玛丽，你怎么知道那么多呢？

Mǎlì：Wǒ shì Zhōngguótōng a！
玛丽：我是中国通啊！

词汇 1　Vocabulary 1

1	当然	dāngrán	*adv.*	of course; certainly
2	老	lǎo	*adj.*	aged; old
3	节日	jiérì	*n.*	holiday; festival
4	蛋糕	dàngāo	*n.*	cake
5	祝愿 *	zhùyuàn	*v.*	to wish
6	长寿 *	chángshòu	*adj.*	longevity
7	长命百岁 *	Chángmìng bǎisuì		to live to 100 years old
8	爷爷	yéye	*n.*	grandpa; the elderly male in general
9	奶奶	nǎinai	*n.*	grandma; the elderly female in general
10	福如东海，寿比南山 *	fú rú Dōnghǎi, shòu bǐ Nánshān		blessings like the East Sea and longevity as the South Mountain
11	刚	gāng	*adv.*	just(HSK4 Word)

12	钟 *	zhōng	*n.*	clock
13	为	wèi	*prep.*	for
14	生气	shēngqì	*v.*	be angry with; be mad
15	后来	hòulái	*n.*	later; afterwards
16	中国通 *	Zhōngguótōng	*n.*	Chinese-hand

课文 2 Text 2

(Zài chāoshì)
（在 超市）

Kǎitè: Shíjiān guò de zhēn kuài, Gāo Míng hé Lǐ Měilì dōu jiéhūn sānshí nián le.
凯特：时间过得真快，高明和李美丽都结婚三十年了。

Wáng Hóng: Shì a, míngtiān tāmen qǐng wǒmen qù jiā li wán. Nǐ kàn zhè li yǒu hǎoduō zhǒng lǐwù, wǒmen yīnggāi sòng shénme hǎo ne?
王红：是啊，明天他们请我们去家里玩。你看这里有好多种礼物，我们应该送什么好呢？

Kǎitè: Kàn, zhè bǎ sǎn piàoliang jí le, wǒmen jiù bǎ zhè bǎ sǎn sòng gěi tāmen ba.
凯特：看，这把伞漂亮极了，我们就把这把伞送给他们吧。

Wáng Hóng: Bù xíng, bù xíng! Zhōngguó rén shì bù bǎ sǎn sòng gěi fūqī de. Yīnwei yǒu "fēnkāi" de yìsi.
王红：不行，不行！中国人是不把伞送给夫妻的。因为有"分开"的意思。

Kǎitè: Duìbuqǐ, wǒ wàngjì le. Wǒmen mǎi yí gè dà dàngāo sòngqu ba!
凯特：对不起，我忘记了。我们买一个大蛋糕送去吧！

Wáng Hóng: Zhège wǒ tóngyì! Duì le, nǐ shuō wǒ míngtiān chuān shénme hǎo ne?
王红：这个我同意！对了，你说我明天穿什么好呢？

Kǎitè: Qíshí nǐ chuān shénme dōu hǎokàn, dànshì nǐ háishi chuān nà jiàn hóngsè de qípáo ba.
凯特：其实你穿什么都好看，但是你还是穿那件红色的旗袍吧。

Wáng Hóng: Xíng! Nǐ yě yào huàn yí jiàn hóngsè de yīfu a, bié chuān hēisè de.
王红：行！你也要换一件红色的衣服啊，别穿黑色的。

Kǎitè: Méi wèntí! Duì le, nǐ bù zhīdao tāmen de xīn jiā zài nǎr, míngtiān nǐ de chē gēnzhe wǒ de chē zǒu jiù xíng le.
凯特：没问题！对了，你不知道他们的新家在哪儿，明天你的车跟着我的车走就行了。

Wáng Hóng: Hǎo! Míngtiān jiàn!
王红：好！明天见！

词汇 2 Vocabulary 2

1	结婚	jiéhūn	*v.*	to get married
2	礼物	lǐwù	*n.*	present; gift 礼：gift; present　物：object
3	应该	yīnggāi	*aux.*	should; have to; ought to
4	把	bǎ	*m.*	used for things with a handle
5	伞	sǎn	*n.*	umbrella
6	极	jí	*adv.*	extremely; exceedingly
7	分开 *	fēnkāi	*v.*	to separate; to part
8	忘记	wàngjì	*v.*	to forget
9	同意	tóngyì	*v.*	to agree; to approve; to assent to
10	其实	qíshí	*adv.*	actually; in fact; as a matter of fact
11	还是	háishi	*adv.*	had better
12	旗袍	qípáo	*n.*	cheongsam (a traditional Chinese dress)(HSK6 Word)
13	换	huàn	*v.*	to change; to exchange

注 释 Notes

一、生日面条（Birthday Noodles）

中国人有过生日时吃面条的传统，因为面条的样子一般都是长长的，象征着长寿。因此，过生日的时候吃的面条，也叫"长寿面"。

Chinese people have the tradition of eating noodles on their birthdays because the noodles are usually long in appearance, symbolizing longevity. Therefore, the noodles eaten on birthdays are also called "longevity noodles".

二、长命百岁（May You Live a Hundred Years!）

"长命百岁"的意思是，寿命很长，能活到一百岁。常用作祝福长寿之语。

"长命百岁" means longevity, living a long life and to be one hundred years old. It is commonly used as a word of blessing longevity.

三、福如东海，寿比南山（May Your Happiness Be as Boundless as the East Sea and Your Life as Long as the Long Lasting South Mountain.）

"福如东海，寿比南山"是向老人祝寿时的常用语，祝福老人的福气像东海一样浩大，寿命像终南山一样长久。

"福如东海，寿比南山" is an expression commonly used to wish the elderly a long life, wishing them a blessing as great as the East Sea and a long life as old as the South Mountain. In simple words, it means "I wish you boundless happiness and a long, long life".

四、对了（By the Way）

"对了"常用于口语，作为插入语使用，表示后边所说的是突然想起或需要补充的内容。例如：

"对了" is often used as a parenthesis in spoken language to indicate that the words after it are something that has just come into mind or needs to be added. For example,

1. 对了，我忘记告诉你了，明天上午 9 点开会。

2. A：明天有汉语考试吗？

 B：有。对了，你别忘记带笔啊。

3. 我想去买点菜，对了，你上次说有一种菜很好吃，叫什么名字？

语　法 Grammar

一、"为"和"为了"（"为" and "为了"）

"为"和"为了"都是介词，既可以用在主语的前边，也可以用在主语的后边，其中"为了"用在主语前边的情况较多。"为"和"为了"都可以表示目的，但是"为"还可以表示对象和原因。例如：

Both "为" and "为了" are prepositions that can be used either before or after the subject in a sentence, with "为了" being used more often before the subject. And both "为" and "为了" can indicate purpose, but "为" can also indicate object and reason of an action. For example,

1. 为了身体健康，爷爷每天都去锻炼。
2. 他为了把工作做完，周末也去公司上班。
3. 她一直在为明年的比赛努力准备。
4. 为学习汉语，我从美国来北京留学。
5. 凯特经常为她的小狗洗澡。
6. 为这事那个朋友还有点生气。

二、还是（Had Better）

"还是"可以表示经过比较和思考后做出的选择，认为这样的选择更好。例如：

"还是" can indicate a choice made after comparison and consideration, which is believed to be a better choice. For example,

1. 火车太慢，我们还是坐飞机去吧。
2. 你还是喝点儿牛奶吧，别喝可乐了。
3. 我们还是周末去跳舞吧，因为大家都有时间。

汉字 Chinese Characters

一、偏旁学习（Radicals）

1. 厂　厂字旁（chǎngzìpáng）

Characters with the radical “厂” are usually related to cliffs or residences.

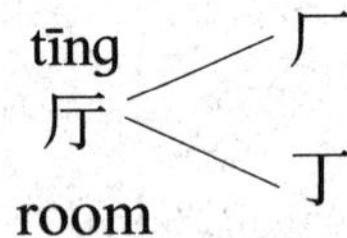

2. 广　广字旁（guǎngzìpáng）

Characters containing “广” are usually related to houses or places.

3. 户　户字旁（hùzìpáng）

Characters with the radical “ 户 ” are usually related to houses.

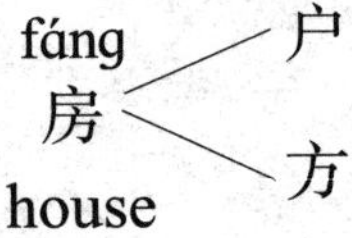

4. 疒　病字旁（bìngzìpáng）

Characters with the radical “疒” are usually related to diseases and pain.

5. 𠂇　在字旁（zàizìpáng）

It is only a radical.

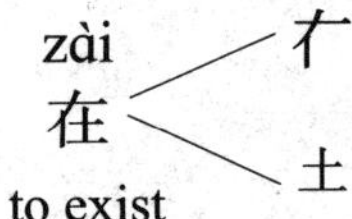

二、认写汉字（Learn and Write Chinese Characters）

① rán

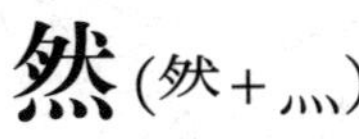

然（⺼犬＋灬）

so

丿 ク 夕 夕 夕 夕 夕 夕 夕 夕 夕 然

然 然 然 然 然 然

当（　　）

（　　）后

② lǎo

老（耂＋匕）

old

一 十 土 耂 耂 老

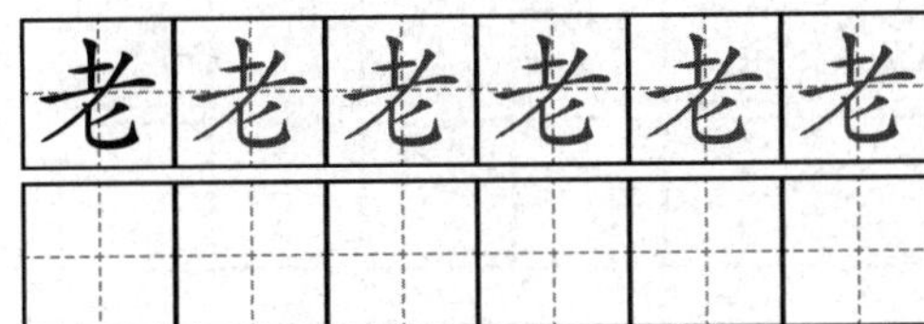

（　　）人

（　　）奶奶

③ yé

爷（父＋卩）

grandfather

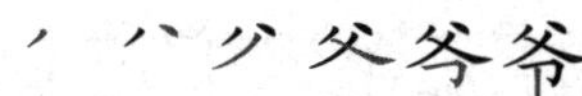

（　　）爷

④ yīng

应（广＋⺍）

should

丶 亠 广 广 广 应 应

（　　）该

⑤ zhǒng

种（禾＋中）

kind; sort

一 二 千 千 禾 禾 和 和 种

种 种 种 种 种 种

这（　　）

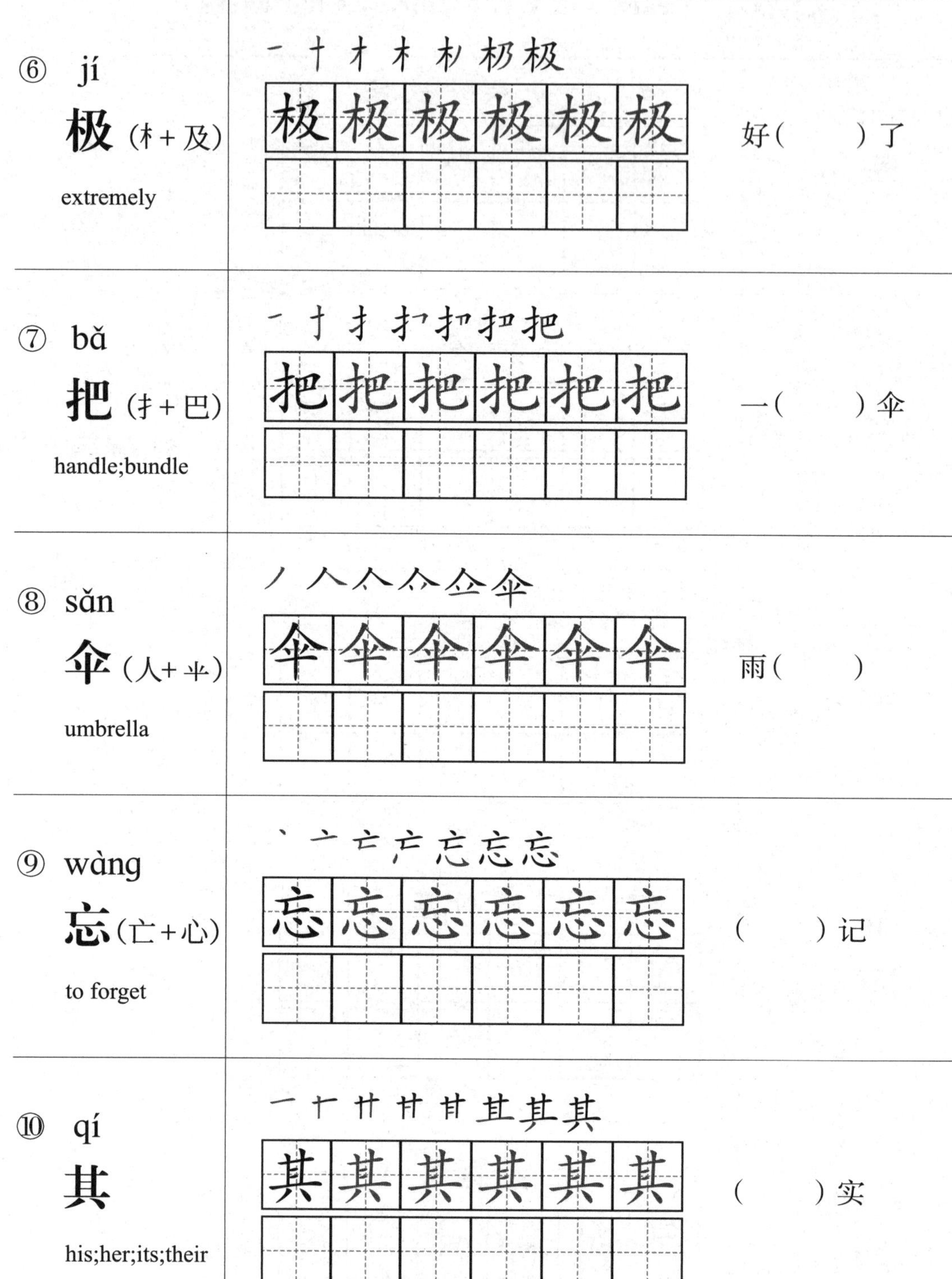

⑥ jí 极（木+及） extremely	一 十 才 木 杉 极 极 极 极 极 极 极 极	好（　　）了
⑦ bǎ 把（扌+巴） handle;bundle	一 丁 扌 扌 扣 扣 把 把 把 把 把 把 把	一（　　）伞
⑧ sǎn 伞（人+丷） umbrella	丿 人 亽 众 伞 伞 伞 伞 伞 伞 伞 伞	雨（　　）
⑨ wàng 忘（亡+心） to forget	丶 亠 亡 亡 忘 忘 忘 忘 忘 忘 忘 忘 忘	（　　）记
⑩ qí 其 his;her;its;their	一 十 卄 廾 甘 甘 其 其 其 其 其 其 其 其	（　　）实

走近中国　A Touch of China

颜色的文化意义

古代中国人认为宇宙的万事万物都是由“金、木、水、火、土”五种基本元素构成的，每一种元素对应天地之间的物质，也对应“白、绿、黑、红、黄”五种颜色。

黑色被认为是“水”的颜色，象征着寒冷、晦暗；白色是“金”的颜色，象征着纯洁、光明；红色是“火”的颜色，象征着吉祥、喜庆；黄色是“土”的颜色，象征着财富和权利；绿色是“木”的颜色，象征着春天和生机等。

The Cultural Connontation of Colors

The ancient Chinese people believed that everything in the universe is composed of five basic elements “ metal, wood, water, fire, earth”. Each element corresponds to the substance in the world, and also respectively corresponds to the five colors of “white, green, black, red and yellow”.

Black is considered the color of “water” and symbolizes coldness and darkness. White is the color of “gold” and symbolizes purity and light. Red is the color of “fire” and symbolizes good luck and celebration. Yellow is the color of “earth” and symbolizes wealth and power. Green is the color of “wood” and symbolizes spring and vitality.

学而时习之　Practice Makes Progress

（一）朗读下列短语和句子（Read the following phrases and sentences aloud）

1. 当然：　当然好 / 当然高兴 / 当然生气
　　你生病了，我当然要来看你。

2. 极：　好极了 / 高兴极了
　　这件衣服漂亮极了。

3. 生气：　很生气 / 不生气 / 别生气
　　妈妈生我的气了。

4. 分：　分苹果 / 分西瓜
　　这个蛋糕被分成了两块。

5. 结婚：　结婚了 / 还没结婚 / 结婚十年了
　　高明跟王红下个月结婚。

（二）句子匹配（Choose appropriate sentence）

A. 今天我过生日，朋友们都来了。
B. 这是我送给你们的结婚礼物，你们看看喜欢吗？
C. 今天的考试一点儿也不难。
D. 这儿离北京很远，坐火车要很长时间。
E. 今天她为什么这么高兴？

1. 太好了！谢谢您！　（　　）
2. 她穿了一件红色的衣服，大家都说她漂亮极了。　（　　）
3. 因为你准备得很好，所以觉得很容易。　（　　）
4. 大家送给我很多礼物。　（　　）
5. 是呀，我们还是坐飞机去吧。　（　　）

（三）选词填空（Choose correct words for the blanks）

A. 把　B. 还是　C. 后来　D. 跟　E. 为　F. 当然

1. 快来看，这是我（　　）你买的新旗袍。
2. 妹妹（　　）通才一起出去玩了。
3. 下雨了，出门别忘了带（　　）伞。
4. 你的中文那么好，你（　　）说中文吧。
5. 去年我在中国见过他，（　　）就再也没见过了。
6. A：下雨了，你还出去游泳吗？
　B：我（　　）要去，这是我最喜欢的运动。

（四）连词成句（Form sentences with the words given）

1. 忘记　你　时间　别　上课的

____

2. 小皮鞋　这　漂亮　双　极了

____

3. 还是　吧　去学校　看书　你

____

4. 都是　你　这些菜　为　准备的

____

5. 吧　超市　一把　买　你去　伞

____

（五）根据拼音写汉字（Write the Chinese characters according to the following Pinyin）

1. 快下雨了，你还是带一把（sǎn）吧。

2. 我已经把蛋糕（fēn）给大家了。

3. 今天是奶奶的（shēng）日。

4. 妈妈给爸爸（mǎi）了一件新衣服。

5. 大家都不会忘记这个（jié）日。

第十二课 别忘了关灯、关空调

学习目标 Learning Objectives

1. 学习复合趋向补语的用法

Learn the usage of the compound complement of direction

2. 学习“等”的重叠形式，表示列举未尽

Learn “等等” or simply “等” which means “and so on” or “etc.” in English

课文 1 Text 1

Lǐ mìshū: Wèi, nín hǎo!
李秘书：喂，您好！

Wáng lǎoshī: Nín hǎo! Qǐng wèn Zhāng jīnglǐ zài ma?
王 老师：您好！请问张经理在吗？

Lǐ mìshū: Zhāng jīnglǐ tūrán yǒu shì, chūqu le, xiànzài bú zài bàngōngshì. Qǐng wèn nín shì nǎ wèi?
李秘书：张经理突然有事，出去了，现在不在办公室。请问您是哪位？

Wáng lǎoshī: Wǒ shì Xiàmén Dàxué de Wáng lǎoshī.
王 老师：我是厦门大学的王老师。

Lǐ mìshū: Wáng lǎoshī, Zhāng jīnglǐ xiàwǔ liǎng diǎn yí kè dào sì diǎn bàn yǒu yí gè huìyì, qǐng nín sì diǎn bàn yǐhòu zài dǎ guòlai, hǎo ma?
李秘书：王老师，张经理下午两点一刻到四点半有一个会议，请您四点半以后再打过来，好吗？

Wáng lǎoshī: Hǎode, xièxie nǐ!
王 老师：好的，谢谢你！

(Chà wǔ fēn wǔ diǎn)
（差 五 分 五 点 ）

Wáng lǎoshī: Wèi, nín hǎo! Wǒ shì Xiàmén Dàxué de Wáng lǎoshī.
王 老师：喂，您 好！我 是 厦 门 大 学 的 王 老师。

Zhāng jīnglǐ: Wáng lǎoshī, nín hǎo! Wǒ shì Xiǎo Zhāng.
张 经理：王 老师，您 好！我 是 小 张 。

Wáng lǎoshī: Zhāng jīnglǐ, wǒ xiǎng wènwen xuésheng shíxí de shì.
王 老师：张 经理，我 想 问 问 学 生 实习 的 事。

Zhāng jīnglǐ: Wáng lǎoshī, shì zhèyàng de, shàng gè xīngqī, xuésheng lái gōngsī hé wǒmen jiànmiàn de shíhou yùdàole yìdiǎnr wèntí, dànshì xiànzài yǐjīng jiějué le. Wǒ de huìyì gāng jiéshù, děng yíhuìr sòngzǒu kèrén, wǒ jiù ràng mìshū bǎ xuésheng de shíxí ānpái gěi nín fā guòqu.
张 经理：王 老师，是 这 样 的， 上 个 星 期，学 生 来 公司 和 我 们 见 面 的 时 候 遇到了 一点儿 问题，但是 现 在 已经 解决 了。我 的 会议 刚 结束， 等 一会儿 送 走 客人，我 就 让 秘书 把 学 生 的 实习 安 排 给 您 发 过去。

Wáng lǎoshī: Hǎode, xièxie nín! Nín xiān máng, wǒ děng nín de diànzǐyóujiàn.
王 老师：好的，谢谢 您！您 先 忙 ，我 等 您 的 电 子 邮 件。

Zhāng jīnglǐ: Hǎode, zàijiàn!
张 经理：好 的，再 见！

Wáng lǎoshī: Zàijiàn!
王 老师：再 见！

(Lǐ mìshū zhàn zài Zhāng jīnglǐ bàngōngshì ménkǒu)
（李 秘 书 站 在 张 经理 办 公 室 门 口）

Zhāng jīnglǐ: Xiǎo Lǐ, qǐng jìn! Qǐng nǐ bǎ shíxí ānpái fā gěi Wáng lǎoshī.
张 经理：小 李， 请 进！ 请 你 把 实习 安 排 发 给 王 老师。

Lǐ mìshū: Hǎode, jīnglǐ, nín fàngxīn ba.
李 秘 书：好 的，经理，您 放 心 吧。

Zhāng jīnglǐ: Wǒ xiān zǒu le, nǐ líkāi de shíhou jìde jiǎnchá mén chuāng, bié wàngle guān dēng, guān kōngtiáo.
张 经理：我 先 走 了，你 离开 的 时 候 记得 检 查 门 窗 ， 别 忘了 关 灯 、关 空 调 。

Lǐ mìshū: Hǎode. Jīnglǐ míngtiān jiàn!
李 秘 书：好 的。经理 明 天 见！

Zhāng jīnglǐ: Míngtiān jiàn!
张 经理: 明 天 见!

词汇 1 Vocabulary 1

1	秘书 *	mìshū	*n.*	secretary; assistant
2	突然	tūrán	*adv.*	suddenly; abruptly; unexpectedly
			adj.	sudden; abrupt; unexpected
3	厦门大学 *	Xiàmén Dàxué	*n.*	Xiamen University
4	刻	kè	*n.*	a quarter of an hour; 15 minutes
5	半	bàn	*num.*	half
6	会议	huìyì	*n.*	meeting
7	差	chà	*v.*	to fall short of; to owe
8	实习	shíxí	*n.*	intern; internship(HSK5 Word)
9	见面	jiànmiàn	*v.*	to meet; to see (someone)
10	遇到	yùdào	*v.*	to meet; to come across; to encounter
11	解决	jiějué	*v.*	to solve; to resolve
12	一会儿	yíhuìr	*adv.*	in a moment; in a while
13	客人	kèrén	*n.*	guest
14	安排	ānpái	*v.*	arrange(HSK4 Word)
			n.	arrangement
15	站	zhàn	*v.*	to stand
16	离开	líkāi	*v.*	to leave; to be away from
17	检查	jiǎnchá	*v.*	to inspect; to check; to examine
18	窗 *	chuāng	*n.*	window
19	关	guān	*v.*	to close; to turn off
20	灯	dēng	*n.*	lamp; light
21	空调	kōngtiáo	*n.*	air conditioner

课文 2　Text 2

Wǒmen xuéguo "xīngqīrì", yǒu méiyou tóngxué zhīdao zhège "rì" zì shì shénme yìsi? "Rì" shì "tàiyang" de yìsi.

我们学过"星期日"，有没有同学知道这个"日"字是什么意思？"日"是"太阳"的意思。

Dàjiā kàn "rì" zì yǐqián shì zhèyàng xiě de:

大家看"日"字以前是这样写的：

Modern.		Antique.	
日	(sun)	⊙	(sun)
月	(moon)		(moon)
鳥	(bird)		(bird)

Cōngming de Zhōngguó rén hái fāxiàn yuèliang bú xiàng tàiyang nàyàng zǒngshì yuán de, "yuè" zì jiùshì yuèliang bù yuán shíhou de yàngzi.

聪明的中国人还发现月亮不像太阳那样总是圆的，"月"字就是月亮不圆时候的样子。

Zhōngwén li zhèyàng de zì hái yǒu hěn duō, xiàng "rén" "shān" "shuǐ" "mǎ" "niǎo", děngděng. Hànzì hěn yǒu yìsi ba.

中文里这样的字还有很多，像"人""山""水""马""鸟"，等等。汉字很有意思吧。

词汇 2　Vocabulary 2

1	太阳	tàiyang	*n.*	the Sun
2	月亮	yuèliang	*n.*	the Moon
3	圆	yuán	*adj.*	round; circular(HSK5 Word)
4	样子	yàngzi	*n.*	appearance; shape(HSK4 Word)

5	马	mǎ	*n.*	horse
6	鸟	niǎo	*n.*	bird

注释 Notes

等等（And So On; And So Forth）

“等等”用在几个并列的词语之后，表示还有其他同类的人或事物列举未尽。在这个用法上，也可以使用“等”，意思不变。例如：

“等等” is used after several parallel words to indicate that there are other items of the same kind that have not been listed.In this usage, “等” can be used to replace “等等” without changing the meaning. For example,

1. 篮子里的水果有苹果、西瓜等等。
2. 今年打算去的地方还有北京、长春、哈尔滨等。

但如果“等”之后有数量词或表示类别的名词时，不能用“等等”替换。此外，“等等，等等”表示同类别的事物还有很多。例如：

However, “等” cannot be replaced by “等等” if “等” is followed by a quantity word or a noun indicating category. In addition, “等等，等等” means there are plenty of other things of the same kind. For example,

1. 这次只有麦克、大卫等三位同学参加游泳比赛。
2. 红色、黄色、黑色等颜色的杯子卖完了。
3. 中文里这样的字还有很多，比如“人”“山”“水”等等，等等。

语法 Grammar

复合趋向补语（The Compound Complement of Direction）

一般来说，复合趋向补语指的是“上、下、进、出、回、过、起”这7个动词和“来”“去”搭配所构成的13个动词短语。复合趋向补语对动作进行具体的描述，有的复合趋向补语还有引申的含义。例如：

In general, the compound complement of direction refers to the 13 verb phrases formed by the combination of the seven verbs “上，下，进，出，回，过，起” and “来，去”. The compound complement of direction describes the action in detail, and some compound complements of direction also have extended meaning. For example,

	上	下	进	出	回	过	起
来	上来	下来	进来	出来	回来	过来	起来
去	上去	下去	进去	出去	回去	过去	

1. 一只小猫从树上跑下来了。
2. 他站起来回答老师的问题。
3. 我们走进去找她。
4. 弟弟买回来一个大西瓜。
5. 请您四点半以后再打过来，好吗？
6. 我让秘书把学生的实习安排给您发过去。

汉 字 Chinese Characters

一、偏旁学习（Radicals）

1. 门　门字框（ménzìkuàng）

Characters with the radical “门” are usually related to doors or their movement.

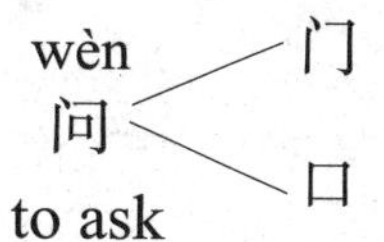

jiān
间
room
门
日

2 囗　国字框（guózìkuàng）

Characters containing “囗” are mostly related to walls, boundaries or binding.

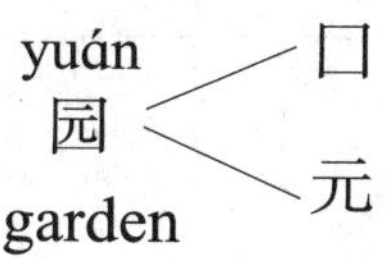

3. 匚　区字框（qūzìkuàng）

It is only a radical.

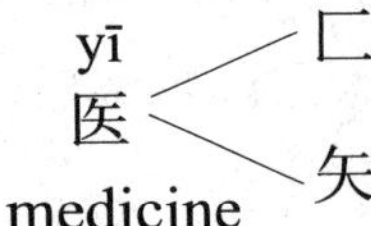

4. 冂　同字框（tóngzìkuàng）

It is only a radical.

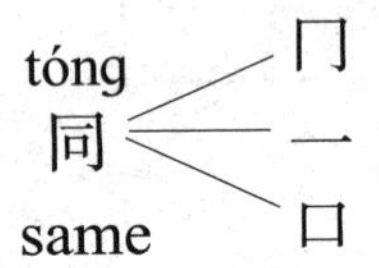

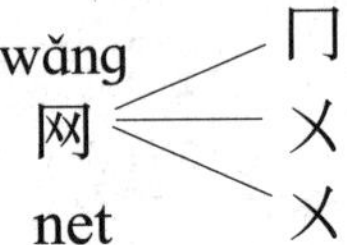

5. 凵　画字框（huàzìkuàng）

It is only a radical.

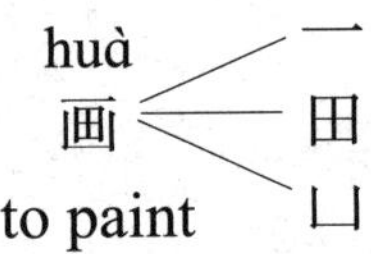

二、认写汉字（Learn and Write Chinese Characters）

① bàn 半 half	丶 丷 丷 兰 半 半 半 半 半 半 半	四点（　　）
② chà 差(⺶+工) fall short of	丶 丷 丷 䒑 兰 羊 差 差 差 差 差 差 差 差 差	（　　）五分

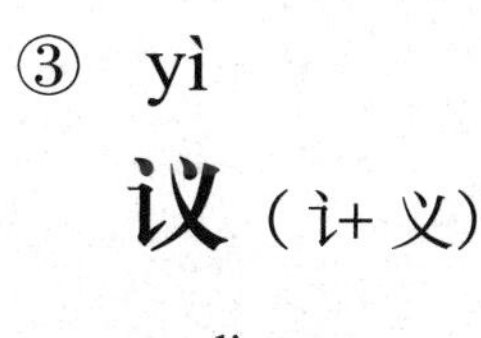

③ yì

议（讠+ 义）

to discuss

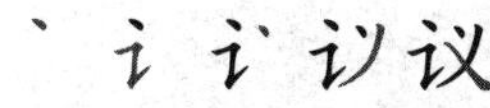

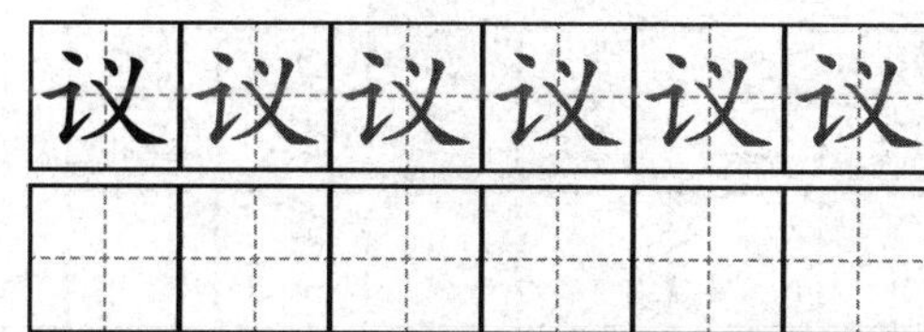

会（　　）

④ miàn

面

face

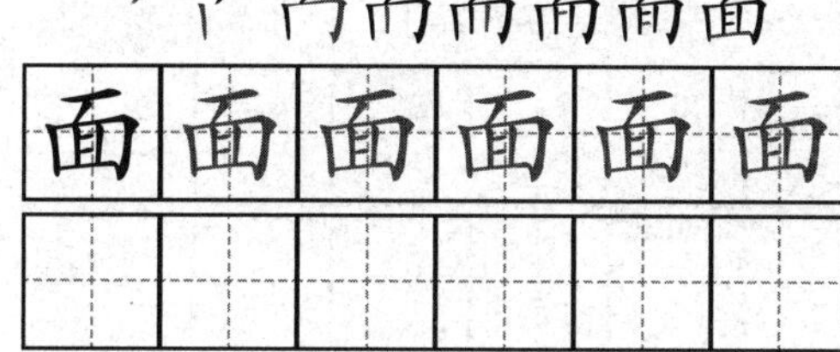

见（　　）

⑤ jué

决（冫+ 夬）

to decide

解（　　）

（　　）定

⑥ kè

客（宀 + 各）

guest

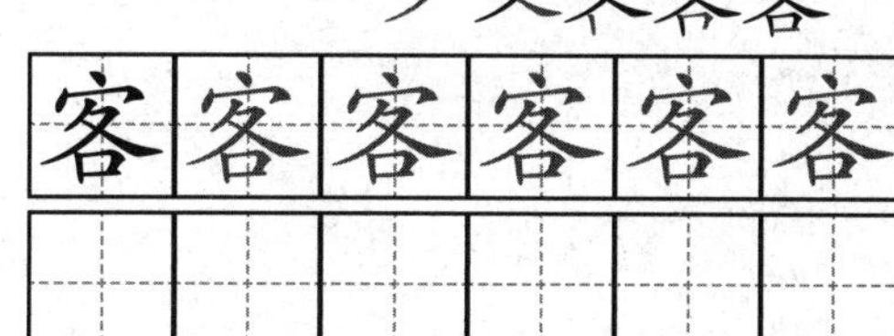

（　　）人

不（　　）气

⑦ zhàn

站（立 + 占）

to stand

火车（　　）

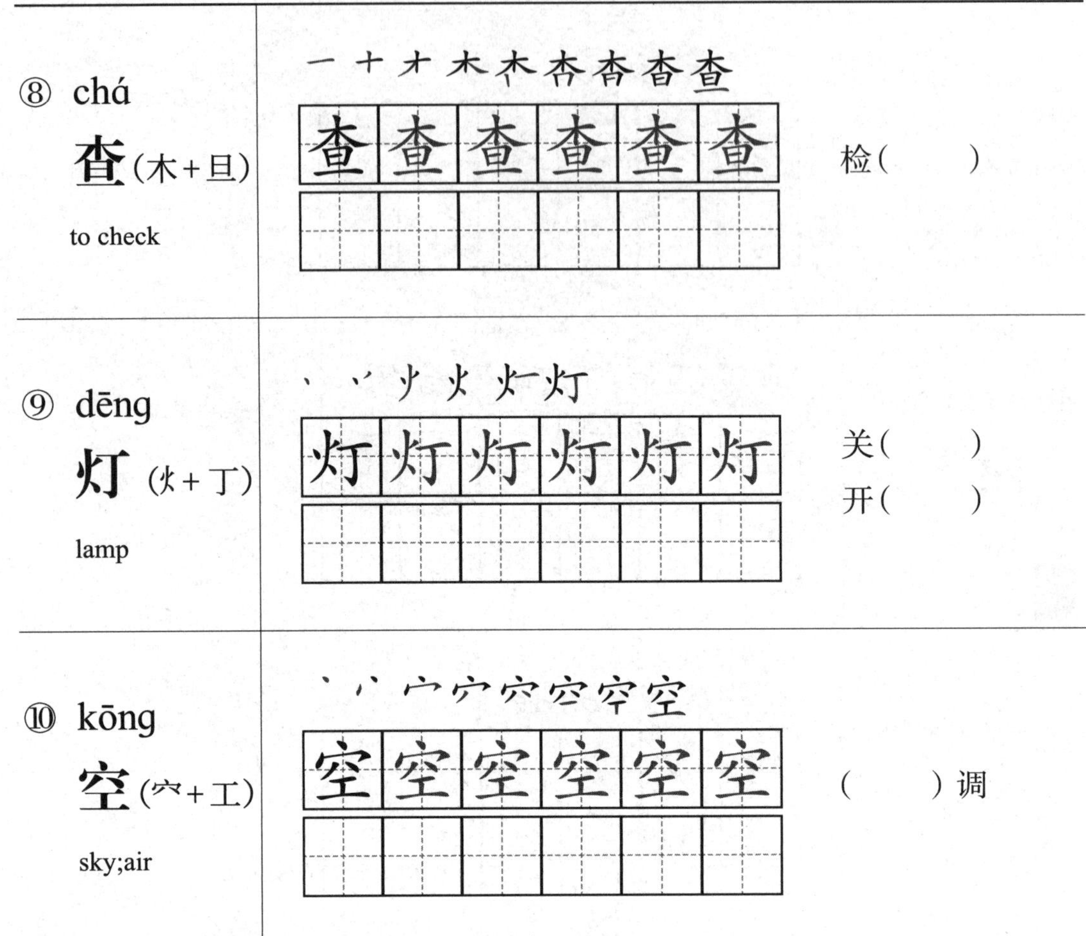

走近中国 A Touch of China

汉字的象形字

象形是汉字构成方式的一种，指的是用文字的线条或笔画，把要表达物体的外形特征具体地勾画出来。在甲骨文、金文中，象形字占大多数，因为画出事物是一种最直接的造字方法。

例如“月”字像一弯明月的形状，“马”（馬）字就是一匹有毛、有四条腿的马，“鱼”（魚）是一条有鱼头、鱼身、鱼尾的游鱼，“门”（門）字就是左右两扇门的形状。而“日”字就像一个圆形，中间有一点，很像我们在直视太阳时看到的形态。

Pictographic Characters

Pictogram is a form of Chinese character composition, which refers to the use of text lines or strokes to specifically outline the appearance characteristics of objects to be expressed. In Oracle and Bronze inscriptions, pictographic characters account for the majority, because drawing things is the most direct way to create characters.

For example, the character " 月 " (moon) is like a bright moon, the character " 马 " (horse) is a horse with four legs and hair, and " 鱼 " (fish) is a swimming fish with the head, the body and the tail. " 门 " (door) is the shape of two doors on the left and right. The character " 日 "(sun) is like a circle with a point in the middle, much like the shape we see when looking directly at the sun.

学而时习之　Practice Makes Progress

（一）朗读下列短语和句子（Read the following phrases and sentences aloud）

1. 见面：　见过面 / 见了一次面 / 跟朋友见面
   这个周末，我跟好友去公园玩儿，我们约好下午两点在公园门口见面。

2. 问题：　有问题 / 遇到问题 / 出现问题 / 发现问题
   这是一个解决问题的好办法。

3. 一会儿：　想一会儿 / 坐一会儿 / 听一会儿音乐
   请等一会儿。

4. 关：　关门 / 关窗 / 关空调 / 关手机
   离开房间前，请把灯关了。

5. 检查：　检查作业 / 检查护照 / 检查身体
   离开教室之前，要检查一下门窗是不是关好了。

（二）句子匹配（Choose appropriate sentence）

A. 你最好再检查一下，看有没有问题。

B. 银行马上就要关门了。

C. 我刚才在电梯里遇到经理了。

D. 别看了，把电视关了吧，明天还要上班呢。

E. 都已经解决了，校长，您放心吧。

1. 他让我告诉你，下午两点半在公司会议室开会。（　　）
2. 上次会议说的那些问题怎么样了？（　　）
3. 没关系，我明天去也可以。（　　）
4. 我的作业早就完成了。（　　）
5. 马上，这个节目还有 10 分钟就结束了。（　　）

（三）选词填空（Choose correct words for the blanks）

A. 刻　　B. 差　　C. 样子　　D. 解决　　E. 一会儿

1. 虽然这两个问题不一样，但是（　　）的办法是相同的。
2. 现在是三点一（　　），别担心，我们不会迟到。
3. A：儿子，快起床，外面天气非常好，我们出去跑跑步。
   B：今天是周末，您让我再睡（　　）吧。
4. A：同学们都到了吗？
   B：没有，还（　　）两个同学。
5. 一千万年前，月亮是这个（　　）吗？

（四）连词成句（Form sentences with the words given）

1. 老师　中间　请　站在

____

2. 不见了　发现　他　护照

____

3. 这次　多长时间　你　离开　要

____

4. 半个小时后　　再　　请您　　过来　　打

____

5. 见面　　没　　我和这个学生　　很久　　了

____

（五）根据拼音写汉字（Write the Chinese characters according to the following Pinyin）

guān
1. 请你帮我把灯（　　）了。

tài
2. 今天的云很多，看不见（　　）阳。

yuè
3. 今天是四（　　）一日。

chū
4. 我们等了他一个小时，他也没有（　　）现。

jiàn
5. 明天我们在动物园门口（　　）面。

词汇总表

生词	拼音	词性	解释	课文
			A	
阿姨	āyí	*n.*	aunt	L9.1
啊	a	*int.*	used to express surprise, exclamation or promise	L1.2
矮	ǎi	*adj.*	short; low	L2.1
爱好	àihào	*n.*	hobby; interest	L3.1
		v.	to be fond of or keen on	
安静	ānjìng	*adj.*	noiseless; quiet; tranquil	L6.2
安排	ānpái	*v.*	arrange(HSK4 Word)	L12.1
		n.	arrangement	
安全	ānquán	*n.*	safety; security(HSK4 Word)	L10.1
			B	
把	bǎ	*prep.*	dealing with (used before an object, followed by a transitive verb)	L4.3
		m.	used for things with a handle	L11.2
班	bān	*n.*	class	L7.2
搬	bān	*v.*	to carry; to move	L6.1
办法	bànfǎ	*n.*	way; means; measure; method; resource	L1.1
办公室	bàngōngshì	*n.*	office 办公：to do office work 室：room	L5.1
半	bàn	*num.*	half	L12.1

续表

生词	拼音	词性	解释	课文
帮忙	bāngmáng	*v.*	to help; to give a helping hand	L9.2
包	bāo	*n.*	bag	L4.1
饱	bǎo	*adj.*	full	L4.3
北方	běifāng	*n.*	north	L8.1
被	bèi	*prep.*	grammatical marker for the passive voice	L7.2
鼻子	bízi	*n.*	nose	L2.3
比较	bǐjiào	*adv.*	comparatively; fairly; quite	L4.2
比赛	bǐsài	*n.*	competition	L7.2
		v.	to compete	
笔记本	bǐjìběn	*n.*	notebook; laptop	L1.2
必须	bìxū	*adv.*	must; have to	L1.3
变化	biànhuà	*n.*	change; variation	L8.1
		v.	to change; to vary	
别人	biérén	*pron.*	other people; another person	L1.3
冰箱	bīngxiāng	*n.*	refrigerator 冰：ice　箱：box; trunk	L8.2
不但……而且……	búdàn……érqiě……	*conj.*	not only…but also…	L6.2

C

生词	拼音	词性	解释	课文
才	cái	*adv.*	just; only (indicating one solution)	L6.1
菜单	càidān	*n.*	menu 菜：dish；cusine　单：bill; list	L4.3
参加	cānjiā	*v.*	to join; to participate; to attend	L7.2
草	cǎo	*n.*	grass	L8.2
层	céng	*m.*	layer; floor	L6.2

续表

生词	拼音	词性	解释	课文
差	chà	*adj.*	bad; poor	L7.1
		v.	to fall short of; to owe	L12.1
差不多	chàbuduō	*adv.*	almost, nearly(HSK4 Word)	L8.1
长命百岁 *	chángmìng bǎisuì		to live to 100 years old	L11.1
长寿 *	chángshòu	*adj.*	longevity	L11.1
超市	chāoshì	*n.*	supermarket 超：super-; ultra-　市：market	L6.2
衬衫	chènshān	*n.*	shirt	L4.1
城市	chéngshì	*n.*	city	L8.1
迟到	chídào	*v.*	to be late (for) 迟：late,delayed　到：arrival	L5.1
除了	chúle	*prep.*	except(for); besides	L3.1
窗 *	chuāng	*n.*	window	L12.1
春	chūn	*n.*	spring	L8.1
词典	cídiǎn	*n.*	dictionary	L7.1
聪明	cōngming	*adj.*	clever; intelligent	L2.2

D

生词	拼音	词性	解释	课文
打扫	dǎsǎo	*v.*	to clean; to sweep	L3.3
打算	dǎsuàn	*v.*	to be going to do sth.; to plan to	L3.2
		n.	plan	
带	dài	*v.*	to carry; to take; to bring; to bear	L8.2
担心	dānxīn	*v.*	to worry; to be afraid; to feel concerned	L5.3
但	dàn	*conj.*	but; yet; however	L1.1
蛋糕	dàngāo	*n.*	cake	L11.1
当然	dāngrán	*adv.*	of course; certainly	L11.1
灯	dēng	*n.*	lamp; light	L12.1
地	de	*part.*	marker of adverbial	L8.2

续表

生词	拼音	词性	解释	课文
地方	dìfang	*n.*	place	L8.2
地铁	dìtiě	*n.*	subway; metro 铁：iron	L9.1
地图	dìtú	*n.*	map 地：earth；land　图：picture；drawing	L9.1
电子邮件	diànzǐyóujiàn	*n.*	email 电子：electronic　邮件：mail	L7.2
东	dōng	*n.*	east	L9.1
冬	dōng	*n.*	winter	L8.1
动物园	dòngwùyuán	*n.*	zoo	L9.1
短	duǎn	*adj.*	short	L2.2
段	duàn	*m.*	passage; paragraph (of an article); period (of time); section (of a distance)	L1.2
锻炼	duànliàn	*v.*	to exercise	L5.2
堆 *	duī	*v.*	to pile up; to heap up	L8.1
多么	duōme	*adv.*	so; how (wonderful, etc.)	L8.1
			E	
饿	è	*adj.*	hungry	L4.2
耳朵	ěrduo	*n.*	ear	L2.3
发	fā	*v.*	to send; to dispatch	L7.2
			F	
发烧	fāshāo	*v.*	to have a fever 发：to set out　烧：to burn	L5.1
发现	fāxiàn	*v.*	to find out; to discover	L9.2
方便	fāngbiàn	*adj.*	convenient	L6.1
方面	fāngmiàn	*n.*	aspect(HSK4 Word)	L3.2
房子	fángzi	*n.*	house; apartment	L6.1
放	fàng	*v.*	to put; to place	L6.2

续表

生词	拼音	词性	解释	课文
放假 *	fàngjià	*v.*	to be on vacation	L10.1
放心	fàngxīn	*v.*	to feel relieved; to be at ease	L5.3
分	fēn	*n.*	mark; score	L1.3
分开 *	fēnkāi	*v.*	to separate; to part	L11.2
福如东海，寿比南山 *	fú rú Dōnghǎi, shòu bǐ Nánshān		blessings like the East Sea and longevity as the South Mountain	L11.1
附近	fùjìn	*n.*	nearby; neighbor; vicinity	L6.2
		G		
感冒	gǎnmào	*v.*	to have/ catch a cold	L8.1
感兴趣	gǎn xìngqù		to be interested in 感 : to feel　兴趣 : interest	L3.2
干净	gānjìng	*adj.*	clean	L4.3
刚	gāng	*adv.*	just(HSK4 Word)	L11.1
刚才	gāngcái	*n.*	a moment ago; just now	L2.1
个子	gèzi	*n.*	height	L2.1
根据	gēnjù	*prep.*	on the basis of; according to	L9.1
跟	gēn	*prep.*	with	L2.2
更	gèng	*adv.*	more (used for comparison)	L5.2
公园	gōngyuán	*n.*	park 公: public 园: land used for growing plants	L6.2
故事	gùshi	*n.*	story	L3.3
刮风	guāfēng	*v.*	to blow wind	L8.1
关	guān	*v.*	to close; to turn off	L12.1
关系	guānxì	*n.*	relation; relationship	L9.2
关心	guānxīn	*v.*	to be concerned about; to care for	L5.1
		n.	concern; consideration	

续表

生词	拼音	词性	解释	课文
关于	guānyú	*prep.*	with regard to; about	L10.1
国家	guójiā	*n.*	country	L8.1
过	guò	*v.*	to live; to pass; to celebrate	L3.2
过去	guòqù	*n.*	in the past	L10.1
		H		
哈尔滨 *	Hā'ěrbīn	*n.*	Harbin	L8.1
还是	háishi	*conj.*	or	L4.2
		adv.	had better	L11.2
害怕	hàipà	*v.*	to be afraid; to be frightened	L10.1
航班	hángbān	*n.*	flight; scheduled flight(HSK4 Word)	L10.1
黑板	hēibǎn	*n.*	blackboard 黑：black　板：board; plank	L1.2
后来	hòulái	*n.*	later; afterwards	L11.1
护照	hùzhào	*n.*	passport	L10.1
花	huā	*v.*	to spend	L4.2
		n.	flower	L6.2
画	huà	*v.*	to draw; to paint	L3.3
		n.	picture; drawing; painting	
坏	huài	*adj.*	bad	L4.1
还	huán	*v.*	to return sth. to the owner	L7.1
环境	huánjìng	*n.*	environment	L6.2
换	huàn	*v.*	to change; to exchange	L11.2
黄	huáng	*adj.*	yellow	L2.1
黄河	Huánghé	*n.*	the Yellow River	L10.1
黄山 *	Huángshān	*n.*	the Yellow Mountain	L10.1
会议	huìyì	*n.*	meeting	L12.1

续表

生词	拼音	词性	解释	课文
			J	
机会	jīhuì	*n.*	chance; opportunity	L2.3
极	jí	*adv.*	extremely; exceedingly	L11.2
几乎	jīhū	*adv.*	nearly; almost	L8.2
记得	jìde	*v.*	to remember; to recall	L9.1
季节	jìjié	*n.*	season	L8.1
检查	jiǎnchá	*v.*	to inspect; to check; to examine	L12.1
简单	jiǎndān	*adj.*	easy; simple	L1.3
见面	jiànmiàn	*v.*	to meet; to see (someone)	L12.1
健康	jiànkāng	*adj.*	healthy	L5.2
		n.	health	
讲	jiǎng	*v.*	to speak; to explain	L1.2
降落	jiàngluò	*v.*	to descend; to land	L10.1
脚	jiǎo	*n.*	foot	L4.2
接着	jiēzhe	*adv.*	then; subsequently	L1.2
接	jiē	*v.*	to accept; to receive	L9.2
街道	jiēdào	*n.*	street	L9.1
节目	jiémù	*n.*	show; performance; program	L3.1
节日	jiérì	*n.*	holiday; festival	L11.1
结婚	jiéhūn	*v.*	to get married	L11.2
结束	jiéshù	*v.*	to stop; to finish; to end	L9.2
解决	jiějué	*v.*	to solve; to resolve	L12.1
借	jiè	*v.*	to borrow; to lend	L7.1
经过	jīngguò	*prep.*	through; under	L7.3
		v.	pass through	L9.1
经理	jīnglǐ	*n.*	manager	L6.1

续表

生词	拼音	词性	解释	课文
久	jiǔ	*adj.*	lasting a long time	L6.1
旧	jiù	*adj.*	old (things); worn	L4.1
句子	jùzi	*n.*	sentence	L1.2
决定	juédìng	*v.*	to decide	L10.1
		n.	decision; determination; resolution	
K				
可爱	kě'ài	*adj.*	cute; lovable	L2.1
可乐 *	kělè	*n.*	cola	L5.3
渴	kě	*adj.*	thirsty	L4.3
刻	kè	*n.*	a quarter of an hour; 15 minutes	L12.1
客人	kèrén	*n.*	guest	L12.1
空调	kōngtiáo	*n.*	air conditioner	L12.1
哭	kū	*v.*	to cry; to weep	L5.3
裤子	kùzi	*n.*	trousers; pants	L4.1
筷子	kuàizi	*n.*	chopsticks	L4.3
L				
蓝	lán	*adj.*	blue	L4.2
老	lǎo	*adj.*	aged; old	L11.1
了解	liǎojiě	*v.*	to know; to understand	L9.1
离开	líkāi	*v.*	to leave; to be away from	L12.1
礼物	lǐwù	*n.*	present; gift 礼：gift; present　物：object	L11.2
历史	lìshǐ	*n.*	history	L3.2
脸	liǎn	*n.*	face	L2.1
练习	liànxí	*v.*	to exercise; to practice	L1.1
		n.	exercise; practice	

续表

生词	拼音	词性	解释	课文
凉	liáng	*adj.*	cool; cold	L8.2
辆	liàng	*m.*	measure word for bikes and automobiles	L10.1
邻居	línjū	*n.*	neighbor	L3.3
留学	liúxué	*v.*	to study in a foreign country 留：to stay behind; to remain 学：to learn; to study	L1.1
留学生 *	liúxuéshēng	*n.*	foreign student 留学：to study abroad　生：student	L7.3
绿	lǜ	*adj.*	green	L8.2
			M	
马	mǎ	*n.*	horse	L12.2
马上	mǎshàng	*adv.*	immediately; at once	L6.1
满意	mǎnyì	*adj.*	satisfied	L4.2
毛笔	máobǐ	*n.*	Chinese writing brush 毛：hair；feather　笔：pen; pencil	L3.3
帽子	màozi	*n.*	hat; cap	L4.2
美 *	měi	*adj.*	beautiful	L10.1
米	mǐ	*m.*	meter	L9.1
秘书 *	mìshū	*n.*	secretary; assistant	L12.1
面包	miànbāo	*n.*	bread	L5.3
明白	míngbai	*v.*	to know; to understand	L1.1
			N	
拿	ná	*v.*	to bring; to hold; to take	L5.1
奶奶	nǎinai	*n.*	grandma; the elderly female in general	L11.1
南方	nánfāng	*n.*	south	L8.1
难	nán	*adj.*	difficult; hard	L1.2
难过	nánguò	*adj.*	to have a hard time; to feel sad	L7.1

续表

生词	拼音	词性	解释	课文
年级	niánjí	*n.*	grade (in the primary or middle school); year (in college or university)	L7.2
年轻	niánqīng	*adj.*	young	L3.3
鸟	niǎo	*n.*	bird	L12.2
努力	nǔlì	*adj.*	hard-working; diligent	L7.1
		P		
爬山	pá shān	*v.*	to climb mountains	L10.1
拍照 *	pāizhào	*v.*	to take a picture	L10.1
盘子	pánzi	*n.*	tray; plate	L4.3
胖	pàng	*adj.*	chubby; plump	L2.1
		v.	to get chubby; to get plump	
皮鞋	píxié	*n.*	leather shoes 皮：leather；skin；fur　鞋：shoe	L4.1
啤酒	píjiǔ	*n.*	beer	L8.2
		Q		
其实	qíshí	*adv.*	actually; in fact; as a matter of fact	L11.2
奇怪	qíguài	*adj.*	odd; strange; unusual	L4.3
旗袍	qípáo	*n.*	cheongsam (a traditional Chinese dress)(HSK6 Word)	L11.2
起飞	qǐfēi	*v.*	(of aircraft) to take off	L10.1
清楚	qīngchu	*adj.*	clear; distinct	L1.2
秋	qiū	*n.*	autumn; fall	L8.1
去年	qùnián	*n.*	last year	L5.2
全	quán	*adj.*	whole; entire; full; total	L2.2
裙子	qúnzi	*n.*	skirt; blouse	L4.1
		R		
热情	rèqíng	*adj.*	warm; enthusiastic 热：hot; fervent 情：feeling; emotion; passion	L2.2

续表

生词	拼音	词性	解释	课文
认为	rènwéi	*v.*	to think; to consider	L3.3
认真	rènzhēn	*adj.*	conscientious; earnest; serious	L1.1
容易	róngyì	*adj.*	easy	L8.1
如果	rúguǒ	*conj.*	if; in case; in the event of; supposing that	L7.2
			S	
伞	sǎn	*n.*	umbrella	L11.2
上网	shàngwǎng	*v.*	to surf the internet	L3.1
什么的 *	shénmede	*part.*	and so on	L10.1
生气	shēngqì	*v.*	be angry with; be mad	L11.1
实习	shíxí	*n.*	intern; internship(HSK5 Word)	L12.1
世界	shìjiè	*n.*	the world; the earth; the globe; the universe	L10.1
试	shì	*v.*	to try; to test	L4.2
首	shǒu	*m.*	measure word for song(HSK5 Word)	L3.1
瘦	shòu	*adj.*	thin	L2.1
		v.	to become thin	
叔叔	shūshu	*n.*	uncle (referring to a man younger than one’s father)	L9.1
树	shù	*n.*	tree	L8.2
宿舍	sùshè	*n.*	dormitory(HSK5 Word)	L1.1
数学	shùxué	*n.*	mathematics 数：number; figure　学：science	L7.1
刷牙	shuāyá	*v.*	to brush one’s teeth 刷：to brush　牙：tooth	L5.3
双	shuāng	*m.*	pair; couple	L4.1

续表

生词	拼音	词性	解释	课文
水平	shuǐpíng	*n.*	standard; level (of skill, ability and knowledge, etc.)	L1.1
司机	sījī	*n.*	driver	L9.1
T				
太阳	tàiyang	*n.*	the Sun	L12.2
泰国 *	Tàiguó	*n.*	Thailand	L8.2
躺	tǎng	*v.*	to lie; to lie down(HSK4 Word)	L5.3
特别	tèbié	*adv.*	exceptionally; specially; particularly	L3.1
疼	téng	*adj.*	ache; hurt	L5.1
提高	tígāo	*v.*	to raise; to heighten; to enhance; to increase	L1.1
体育	tǐyù	*n.*	sports; sports activities	L3.1
甜	tián	*adj.*	sweet	L5.2
条	tiáo	*m.*	measure word for long and thin items/ things	L4.1
听说 *	tīngshuō	*v.*	to hear of; to hear about	L10.1
同事	tóngshì	*n.*	colleague; workmate; associate	L6.1
同意	tóngyì	*v.*	to agree; to approve; to assent to	L11.2
头	tóu	*n.*	head; top	L5.1
头发	tóufa	*n.*	hair 头：head; top　发：hair	L2.1
突然	tūrán	*adv.*	suddenly; abruptly; unexpectedly	L12.1
		adj.	sudden; abrupt; unexpected	
图书馆	túshūguǎn	*n.*	library 图书：book　馆：building; shop	L1.1
腿	tuǐ	*n.*	leg	L5.3
W				
完成	wánchéng	*v.*	to complete; to finish	L1.3

续表

生词	拼音	词性	解释	课文
碗	wǎn	*n.*	bowl	L4.3
		m.	a bowl of	
万	wàn	*num.*	ten thousand	L7.3
忘记	wàngjì	*v.*	to forget	L11.2
为	wèi	*prep.*	for	L11.1
为了	wèile	*prep.*	for	L5.2
位	wèi	*m.*	used for people	L2.2
文化	wénhuà	*n.*	culture; civilization	L3.2

X

生词	拼音	词性	解释	课文
西	xī	*n.*	west	L9.1
习惯	xíguàn	*n.*	habit; custom	L3.3
		v.	to be accustomed to; to be/get used to	
洗澡	xǐzǎo	*v.*	to shower; to bath	L5.3
夏	xià	*n.*	summer	L8.1
厦门大学 *	Xiàmén Dàxué	*n.*	Xiamen University	L12.1
相信	xiāngxìn	*v.*	to believe in; to be convinced of; to have faith in	L7.1
香蕉	xiāngjiāo	*n.*	banana	L5.3
像	xiàng	*v.*	to look like; similar	L2.2
小心	xiǎoxīn	*v.*	to be careful; to be cautious	L5.3
		adj.	careful	
行李箱	xíngli xiāng	*n.*	trunk; baggage suitcase	L10.1
校长	xiàozhǎng	*n.*	(of a secondary or elementary school) principal; headmaster; (of a university or college) president; chancellor	L7.2
新闻	xīnwén	*n.*	news	L3.3
新鲜	xīnxiān	*adj.*	fresh	L5.3

续表

生词	拼音	词性	解释	课文
信用卡	xìnyòngkǎ	*n.*	credit card 卡：card	L4.2
熊猫	xióngmāo	*n.*	panda	L2.3
需要	xūyào	*v.*	need	L6.1
选择	xuǎnzé	*v.*	to choose; to select; to pick	L9.2
		n.	choice; selection; option	
Y				
样子	yàngzi	*n.*	appearance; shape(HSK4 Word)	L12.2
要求	yāoqiú	*v.*	to ask; to request; to demand	L7.2
		n.	request; demand; need	
爷爷	yéye	*n.*	grandpa; the elderly male in general	L11.1
一般	yìbān	*adv.*	usually; generally; ordinarily	L7.1
一定	yídìng	*adv.*	surely; certainly	L1.3
一共	yígòng	*adv.*	altogether; in total	L4.2
一会儿	yíhuìr	*adv.*	in a moment; in a while	L12.1
一样	yíyàng	*adj.*	same；identical	L2.2
一直	yìzhí	*adv.*	all along	L3.2
以前	yǐqián	*n.*	before	L6.1
音乐	yīnyuè	*n.*	music	L3.3
银行	yínháng	*n.*	bank 银：silver; relating to money 行：business firm	L9.1
饮料	yǐnliào	*n.*	beverage; drinks 饮：to drink　料：material; stuff	L4.3
影响	yǐngxiǎng	*v.*	to influence; to affect; to concern	L3.3
应该	yīnggāi	*aux.*	should; have to; ought to	L11.2
用	yòng	*v.*	to use	L3.3

续表

生词	拼音	词性	解释	课文
有名	yǒumíng	*adj.*	famous	L3.1
语法	yǔfǎ	*n.*	grammar(HSK4 Word)	L1.3
遇到	yùdào	*v.*	to meet; to come across; to encounter	L12.1
圆	yuán	*adj.*	round; circular(HSK5 Word)	L12.2
愿意	yuànyì	*aux.*	be willing; wish	L2.2
月亮	yuèliang	*n.*	the Moon	L12.2
越	yuè	*adv.*	more; more and more	L5.2
			Z	
站	zhàn	*m./n.*	bus stop	L9.1
		v.	to stand	L12.1
照顾	zhàogu	*v.*	to care for; to look after	L5.3
照片	zhàopiàn	*n.*	photo 照：to shine; to illuminate 片：a slice; thin piece	L2.2
照相	zhàoxiàng	*v.*	to take a photo 相：portrait; picture	L2.3
照相机	zhàoxiàngjī	*n.*	camera 机：machine	L10.1
着急	zháojí	*adj.*	to worry; to feel anxious	L1.2
只	zhǐ	*adv.*	only; just	L5.3
只有……才……	zhǐyǒu……cái……	*conj.*	only (if)…(that/can)…	L9.1
中国通 *	Zhōngguótōng	*n.*	Chinese-hand	L11.1
中间	zhōngjiān	*n.*	center; middle	L2.2
中文	Zhōngwén	*n.*	Chinese language 中：middle; center; China 文：language; writing	L1.1
终于	zhōngyú	*adv.*	at last; finally	L10.1
钟 *	zhōng	*n.*	clock	L11.1

续表

生词	拼音	词性	解释	课文
重要	zhòngyào	*adj.*	important 重：heavy; serious 要：important;vital	L5.2
周末	zhōumò	*n.*	weekend	L8.2
主要	zhǔyào	*adj.*	major; main	L1.1
注意	zhùyì	*v.*	to pay attention to; to keep an eye on; to take notice of	L10.1
祝愿 *	zhùyuàn	*v.*	to wish	L11.1
自己	zìjǐ	*pron.*	oneself; self	L3.2
总是	zǒngshì	*adv.*	always	L3.3
嘴	zuǐ	*n.*	mouth	L2.1
最近	zuìjìn	*n.*	recentness	L5.2
作业	zuòyè	*n.*	homework; assignment	L1.3
作用	zuòyòng	*n.*	effect; influence(HSK4 Word)	L5.1